APARECIDA LIBERATO

con BETO JUNQUEYRA

Los números secretos del
AMOR

Mejore sus relaciones personales
y su vida afectiva a través de la Numerología

Grijalbo

Dedicamos este libro a nuestras familias, que siempre
nos impulsaron a comprender la importancia de mirar
a nuestro alrededor, de percibir a las personas,
y de establecer con ellas una relación de respeto
y valoración.

AGRADECIMIENTOS

Agradecemos a Esther Rocha su eterno espíritu de amistad. Es un privilegio tener a una persona como ella en nuestra vida.

Aparecida Liberato
y
Beto Junqueyra

Los números secretos del amor
Mejore sus relaciones personales y su vida afectiva a través de la Numerología

Título original en portugués: *Números e aromas do Amor.*

© Aparecida Liberato, 2006
© Beto Junqueyra, 2006

Primera edición para Estados Unidos, 2006

D. R. 2006, Random House Mondadori, S. A. de C. V.
        Av. Homero No. 544, Col. Chapultepec Morales,
        Del. Miguel Hidalgo, C. P. 11570, México, D. F.

www.randomhousemondadori.com.mx

Random House Mondadori México
        ISBN-13: 978-970-780-206-3
        ISBN-10: 970-780-206-5
Random House Inc.
        ISBN-13: 978-0-307-37676-3

Impreso en México / *Printed in Mexico*

Distributed by Random House, Inc.

Índice

PARTE I
LOS FUNDAMENTOS DE LA NUMEROLOGÍA DEL AMOR

Capítulo 1. Números y aromas del amor, el libro de la relación
y la conquista 11
Capítulo 2. La energía de los números y los aromas 15
Capítulo 3. Un mensaje de amor 19
Capítulo 4. Amar 21
Capítulo 5. Los números de la relación 25

PARTE II
LAS COMBINACIONES DE NÚMEROS Y AROMAS DEL AMOR

Número 1
Presentación – Fragancia – Las combinaciones del 1 31
Número 2
Presentación – Fragancia – Las combinaciones del 2 51
Número 3
Presentación – Fragancia – Las combinaciones del 3 71
Número 4
Presentación – Fragancia – Las combinaciones del 4 91
Número 5
Presentación – Fragancia – Las combinaciones del 5 111
Número 6
Presentación – Fragancia – Las combinaciones del 6 131

Número 7
Presentación – Fragancia – Las combinaciones del 7 151
Número 8
Presentación – Fragancia – Las combinaciones del 8 171
Número 9
Presentación – Fragancia – Las combinaciones del 9 191
Número 11
Presentación – Fragancia – Las combinaciones del 11 211

Referencias bibliográficas 231

PARTE I

LOS FUNDAMENTOS
DE LA NUMEROLOGÍA DEL AMOR

CAPÍTULO 1

Números y aromas del amor, el libro de la relación y la conquista

CONQUISTAR Y VIVIR PLENAMENTE UN GRAN AMOR

> El bien y el mal no existen, sino es el pensamiento el que los crea.
> WILLIAM SHAKESPEARE

El gondolero le conduce a usted y a su amor en un ritual que transforma una fuerte energía en el más sencillo sentimiento: el sonido del remo que toca las aguas de los canales de Venecia parece más un suspiro. A lo largo del camino, la historia milenaria se perfila humildemente para saludar la grandiosidad de este momento. El viento, uno de los mensajeros de Dios, penetra en sus cuerpos y atiza todavía más una gran pasión. En el brillo de los ojos, el sol, cómplice eterno de la felicidad, no duda en marcar su presencia, calentando aún más sus corazones.

Es primavera en Venecia, en Tokio y en el mundo entero. Habrá una flor en cualquier lugar. La más simple de las manifestaciones de la vida será un escenario ideal para que las voces expresen todo ese estado espiritual. Las voces se transforman en carcajadas y ríen locamente: nada les preocupa, ni nada les intimida.

Envueltos en una fuerte atracción, viajan en un mundo de sueños: todo es bello, todas las personas son hermosas… no hay lugar para la tristeza. Ahí donde ésta insiste neciamente en entrar, sus sonrisas semejan un jardín florido…

Y de repente, en una esquina de la vida…

Un camión pasa casi encima de usted y su conductor, irritado, le ofende… el sonido estridente y errante de las bocinas conspira para convencerle de que ponga fin a sus sueños. Parece iniciarse un complot y las dudas comienzan a envenenar sus sentimientos. Las edificaciones y terrenos de esta selva de piedra se perfilan impasibles a lo largo del camino, exigiéndole con frialdad una postura más rígida y urgiéndole a correr detrás de sus compromisos. Hay tanta gente que la ciudad parece llena… de nadie. Con los ojos vueltos hacia su angustia interna, los soldados del ejército de la melancolía invaden su cuerpo y usted, inconscientemente, comienza a disparar tiros certeros contra cualquier resistencia, contra cualquier gesto de amor.

Es invierno en Venecia, en Tokio y en el mundo entero. Un viento helado entra en su cuerpo, que se siente pesado, repleto de resentimientos. Usted está decepcionado de su amor, pues no es correspondido. Él o ella es egoísta, sólo piensa en sí mismo(a), no le presta la atención que usted merece, ni quiere ceder. ¿Será también ese viento un mensajero de Dios?

Un gran amor es siempre así. Toma por asalto su vida cuando usted menos se lo espera, y hace que usted se embarque rápidamente en un mundo maravilloso de sueños donde no hay espacio para el sufrimiento y donde no existen los defectos. En verdad, usted está tan embriagado por este nuevo sentimiento que ni siquiera tiene tiempo para descubrir que su pareja es diferente… o mejor, que no es exactamente lo que a usted le gustaría que fuese.

El choque con la realidad ha de ocurrir un día y la convivencia diaria va a demostrar qué tanto se aman: sólo cuando no hay viento se conoce a un gran veleador. En los momentos de dificultad maduramos, crecemos y dejamos aflorar nuestros sentimientos.

Vivimos en un mundo competitivo, con altas exigencias profesionales, pleno de ambiciones sin límite, a la vez que hay mucha variedad y poca comprensión. Constantemente somos alentados a adoptar actitudes individualistas. Este mundo vende, en todo momento, una sensualidad excesiva con el mensaje implícito, insinuando que los amores y las relaciones son desechables. Debemos luchar bastante para superar las innumerables fuerzas contrarias y hacer florecer un gran amor, cuidándolo para que se convierta en una fuente de crecimiento compartido.

Amar es, por encima de todo, construir continuamente un mundo nuevo con alguien especial. Amar es valorar y valorarse: es cambiar actitudes en busca de una relación más equilibrada. Amar es completar y renovar, pero nunca se quede esperando a que su pareja tome la iniciativa. Usted debe actuar y adoptar un pensamiento constructivo, visualizando la felicidad de ambos.

Pero… ¿cómo es posible encontrar la pareja ideal?, ¿existe alguien en este mundo que haya sido hecho a la medida de usted?, ¿alguien que sea perfecto y que a su vez lo acepte a usted?, ¿alguien con quien usted pueda entenderse mejor?

Seguramente usted ya respondió a esta pregunta. No, no existe la perfección. No existe la persona ideal, así como ninguna teoría enseña a ser feliz en el amor. La pareja deseada llega sin avisar, sin enviar un telegrama, sin instrucciones de uso ni garantía. Va manifestándose de distintas formas a lo largo de su vida y de su relación.

Entonces ¿cómo conquistar definitivamente a esa persona a la que usted ama?, ¿cómo vivir mejor una relación?, ¿cómo saber si usted es afín con ese ser?, ¿cómo descubrir con quién es compatible?

Una relación depende de cuatro pilares básicos que la sustentan: la admiración, la afinidad, la renovación y, sobre todo, el cambio de actitud. No existen parejas perfectas, aunque algunas consiguen encontrar un punto de equilibrio en la relación. Teniendo una visión más clara sobre su potencial y el de su pareja, usted descubrirá que para armonizar una relación es necesario cambiar algunas actitudes. A partir de ahí, ustedes estarán aproximándose uno al otro y haciendo que incluso sus diferencias les den impulso para construir una vida en la que ambos puedan crecer día con día.

¿Es fácil cambiar las actitudes? No, claro que no. El punto de partida para el éxito de una relación comienza en usted, empieza en el autoconocimiento: al descubrir sus puntos positivos y negativos y las características de su pareja, usted podrá tener una relación mucho más constructiva.

Mas ¿cómo saber cuáles son sus puntos positivos y negativos? Por medio de la numerología, del estudio del significado oculto de los números. La suma de las cifras en su fecha de nacimiento proporciona un número que revela cuáles son sus características principales. A partir de ahí, usted podrá conocerse y entender mejor a otras personas. Cada número contiene un potencial tanto para experiencias positivas como para experiencias negativas. Es fundamental que tengamos conciencia de este potencial y sepamos cómo lidiar con él. De esta manera, la numerología le puede dar muchas respuestas que le ayudarán a vivir en mayor armonía con quien usted ama.

Y la naturaleza ¿puede ayudar también? Al estar consciente de sus flaquezas y, en consecuencia, de las actitudes que dificultan su relación, la naturaleza puede darle un buen impulso para que usted actúe de forma más positiva, acercándose más a su pareja y dando mayor estabilidad a la relación.

Mas, ¿de dónde viene este impulso de la naturaleza? La numerología muestra la energía que existe dentro de nosotros. La naturaleza nos proporciona otra energía externa que actúa en nuestro cerebro y contribuye a que tengamos actitudes más constructivas, superando los obstáculos que surgen frente a nosotros y que muchas veces sólo están en nosotros. Al estar más equilibrados y concentrados en la relación, seremos más aptos para vivir con nuestra pareja de manera armoniosa.

Esta energía de la naturaleza, externa a nuestro organismo, proviene de los aceites esenciales extraídos de flores y plantas, cuyos aromas, cuando son aspirados, proporcionan un bienestar personal y permiten que usted adopte actitudes más constructivas y equilibradas en la relación.

En resumen, la energía de los números y la de los aromas se unen para dar mejor perspectiva a una relación. Este libro se basa en la vibración que existe dentro de usted, la cual procede de su fecha de nacimiento y cuenta con el auxilio del poder de las fragancias sobre sus emociones.

A lo largo de las páginas siguientes usted tendrá una visión completa de lo que son los números y los aromas del amor, y podrá tener un punto de partida fundamental para conquistar y vivir una relación intensa y llena de armonía. Comencemos por darnos un chapuzón en la historia y viajemos a los remotos tiempos de Cleopatra que, instintivamente y con la energía de los aromas, cambió el rumbo de la historia. ¡Respire profundo y acompáñeme en este viaje apasionante!

CAPÍTULO 2

La energía de los números y los aromas

¡CAMBIE SU HISTORIA!

> La barcaza en la que ella estaba ardía
> cual trono incandescente sobre el agua:
> era de oro la popa; púrpura las velas,
> de un perfume que las brisas
> languidecían de amor por ellas...
>
> WILLIAM SHAKESPEARE,
> *Marco Antonio y Cleopatra*

Las aguas serenas del río Cidno desembocaban en un Mediterráneo acostumbrado a atestiguar los grandes momentos de la historia de la Humanidad; pero incluso en tiempos del apogeo del Imperio romano se podía vivir un momento de encanto como ese que estaba por vivirse aquel día...

Marco Antonio, uno de los triunviros de Roma, era un *bon vivant*: en la seducción nocturna y en sus placeres lograba expresar mejor su carácter extrovertido. El joven tenía dentro de sí la ambición, pero su sangre guerrera hervía en esos momentos por otro motivo: una pasión que lo había tomado por asalto y que lo hiciera prisionero del destino. Ansioso, ni siquiera las aguas de todos los océanos hubiesen sido suficientes para apagar el fuego que incendiara su corazón. Ese fuego tenía un nombre: Cleopatra.

Siglos y siglos de grandiosa historia: no sólo el fértil río Nilo irrigó las tierras egipcias con tanta energía. La naturaleza mística del reducto de los faraones encontró en esta reina su manifestación más intensa. Fuente de una fuerza inagotable, Cleopatra era una lideresa decidida, que mezclaba la ambición con el deseo de amar... y ser amada.

Pero el Mediterráneo era poco para saciar su sed de poder. A bordo de su embarcación, Cleopatra, la reina de Egipto, se aproximaba rápidamente a la ciudad de Tarsos; empero, el viento era lento ante el fuerte deseo que la llevaba hacia Marco Antonio.

El gobernante romano se mostraba como un orador emotivo y envolvente y llevaba la vibración del número 3; sin embargo, su talento artístico y su elocuencia no le eran suficientes para expresarse ante la encantadora reina que había conseguido hechizarlo…

Más allá de los retoques de las grandes producciones cinematográficas, Cleopatra no era realmente una mujer bella, pero aprendió con maestría el arte de seducir y encontró en las fragancias a sus grandes aliadas. Dotada de una enorme capacidad creativa, decididamente no quería ser una figura más de la historia. Si el objetivo era conquistar tierras y aumentar sus dominios, ella haría todo por conseguirlo. Líder, perseverante e independiente, actuaba con las vibraciones del número 1: Julio César había sucumbido ante su juego seductor y Marco Antonio sería su próxima víctima. Faltaba poco, tal vez sólo un empujón de la naturaleza…

El color púrpura de las velas de su embarcación lo enfatizaba el tono del cielo y le daba un toque majestuoso a aquellos mares tintos por la sangre derramada en múltiples guerras. El aroma seductor del jazmín, que emanaba del barco de Cleopatra, buscaba la bendición de los dioses y era llevado por el viento hasta las márgenes del río Cidno, anunciando la llegada de la reina. A pesar del encanto del poderoso gobernante romano por el asedio, algo impedía que él expresase su deseo, cada vez más estimulado por Cleopatra.

Mas la noche, cómplice de la seducción, dio a la reina egipcia la oportunidad de llegar al éxtasis; ella utilizó el destacamento de élite de su ejército… las fragancias. Con el cuerpo cubierto de pétalos de rosa, se presentó ante Marco Antonio en forma triunfal. Palomas empapadas de agua de rosas esparcían en el ambiente la fragancia del amor… y algunas gotas salpicaban sobre la pareja: era la chispa que haría explotar aquella pasión y cambiar el rumbo de la historia.

Marco Antonio se rindió a esa relación prohibida y Cleopatra, que había tenido muchos hombres, encontró en él la expresión más bella e intensa de sus deseos y de su vocación para amar y ser amada. En los tiempos antiguos, no era frecuente encontrar a una mujer que tuviese gran poder. Los matrimonios y las uniones solían ser pasajeros o eran celebrados por meras conveniencias; pero Marco Antonio y Cleopatra vivieron una relación marcada por una fuerte atracción, entremezclada de celos y de pleitos, mas, por encima de todo, de mucha pasión.

Gobernantes, emperadores y reyes conquistaron muchas tierras con la fuerza de sus ejércitos. Dominaron y fueron dominados con la violencia y la torpeza de los hombres. Cleopatra, audaz, pionera y creativa, expresó su irreverencia histórica al demostrar varias veces que no necesitaba derramar ni una gota de sangre para vencer, conquistar y dominar. Ella no requirió cuchillos ni espadas: sus armas fueron los aromas de rosas, de jazmín y de bálsamo. En esta excitante fusión de amor y poder, aprendemos que la fuerza de los perfumes fue siempre, desde los tiempos más antiguos, una fuente de atracción y de seducción.

Las fragancias tienen un poder mucho mayor de lo que imaginamos: pueden transformar nuestro humor y alejar la tristeza, la timidez y la inseguridad. También son capaces de relajarnos, ayudándonos a controlar la irritación y la impaciencia, e incluso de apaciguar nuestras penas y amarguras. Las fragancias pueden ayudarnos a romper los obstáculos que nos impiden o dificultan vivir un gran amor.

Con el uso de las fragancias, Cleopatra cambió la propia historia. ¿Será también posible para usted cambiar la suya?

CAPÍTULO 3

Un mensaje de amor

Un dolor, una profunda soledad…
He aquí que encuentras una flor:
Siente su aroma, aspíralo sin pudor.
¡Un mensaje de amor invadirá tu corazón!

*E*n su cuerpo puede existir un poder negativo, oculto, que intente controlar todos sus sentimientos y afectar sus actitudes. En cada rincón y en cada célula, ese poder dificulta la manifestación del amor que existe dentro de usted; sin embargo, en su corazón, un deseo de vivir y una gran pasión deben luchar por liberarse.

Mas ¿de qué forma está dominando y aprisionando ese poder oculto sus más bellos sentimientos?, ¿estará manifestándose en forma de impaciencia, desvirtuando su energía y volviéndole ansioso y agresivo?, ¿o estará expresándose en forma de inhibición, ese verdugo que impide que usted deje fluir toda su voluntad de entregarse al amor de su vida?, ¿o habrá usted perdido su rumbo, sin ver a aquellos que le aman y transformando su vida en una interminable búsqueda sin objetivos?

Desde el día de su nacimiento, una forma de energía se manifiesta dentro de usted: es la energía de su número. Para cada número, del 1 al 9 e incluso el número maestro 11, hay una energía diferente; pero a lo largo de su vida usted puede haber sido dominado por una fuerza que interfiere con sus deseos, dificultando la expresión de la más hermosa vocación del ser humano, que es amar, entregarse y querer hacer feliz a alguien.

Impaciencia, inhibición, falta de objetividad, insensibilidad, inestabilidad, resentimiento, introspección excesiva, incomprensión, falta de realismo y dificultad para expresar su espiritualidad. Según la vibración de su número, usted puede ser dominado por uno de estos comportamientos, que son auténticas dictaduras que controlan sus sentimientos y aprisionan toda su capacidad para amar.

19

Sus ojos no lograrán ver una sonrisa en medio de la multitud. Sus oídos no serán capaces de escuchar el más romántico mensaje de amor, camuflado entre las líneas de una conversación. Sus pies no conseguirán pisar con firmeza y usted continuará inseguro, caminando sin rumbo…

Mas Dios es pródigo y ha hecho de la naturaleza su aliada: sabia, ella guarda muchos secretos y una fuente infinita de energía que puede transformar su vida. Dentro de las plantas y de las flores, hay un arma invencible para combatir todas esas manifestaciones negativas: la energía vital que existe dentro de los aceites esenciales extraídos de los vegetales e incorporados en las fragancias.

Dichas fragancias son percibidas por el sistema olfatorio, que está ligado directamente al cerebro. Ellas contienen informaciones importantes que son procesadas con rapidez y desencadenan diversas reacciones, proporcionando una sensación de bienestar. Las fragancias, formadas por varios aceites esenciales, pueden así auxiliarle a liberar sus emociones y encauzar sus pensamientos: usted sentirá más seguridad y confianza, a la vez que creerá en su poder para transformar y para construir relaciones intensas.

La numerología proporciona las bases necesarias para que usted armonice sus relaciones. Pero usted puede también contar con esa energía fragante que proviene de la naturaleza: *ella podrá ayudarle a tener una actitud más positiva en la conquista y en la relación con su pareja.* En la segunda parte de este libro, usted verá que para cada número (es decir, para cada persona que está bajo la vibración de determinado número) existe una fragancia adecuada que puede ayudar a equilibrar la relación.

Esas fragancias fueron desarrolladas a partir de investigaciones acerca de los efectos de diversos aceites esenciales en las personas. Al utilizarlas, usted estará más propenso a tomar la iniciativa y a encontrar un punto de equilibrio entre sus distintas personalidades, abriendo camino para una relación afectiva, en la que exista un crecimiento mutuo y una preocupación no sólo por ser feliz, sino también por hacer feliz a su pareja.

CAPÍTULO 4

Amar

LA ENERGÍA DE LOS NÚMEROS
Y LA DE LAS FRAGANCIAS ARMONIZAN SU RELACIÓN

Si quiere ser feliz en una relación, será infeliz.
Si desea también hacer feliz a alguien en una relación,
serán felices.

*U*na relación afectiva saludable está estructurada sobre cuatro pilares fundamentales, que forman la palabra *amar.*

• Admiración.
• Modificación de actitudes.
• Afinidad.
• Renovación.

Admiración

Una relación sólo existe de verdad cuando cada uno admira a su pareja. La admiración genera respeto. Este sentimiento debe existir naturalmente en dos direcciones: cuando uno de los dos integrantes de la pareja se siente superior o inferior al otro, esta relación, si existe, está condenada al fracaso.

Usted debe valorar a su pareja: trate de conocerla mejor, saber de sus victorias y conquistas, escuche lo que él o ella tiene que decirle, y descubra sus virtudes y su capacidad para transformar el mundo y su propia vida. Pero esto debe funcionar también para usted: debe valorarse a sí mismo. Finalmente, usted tiene dones, talentos y muchas virtudes, y si se cierra, no podrá demostrárselos a nadie.

21

Modificación de actitudes

Cada número posee una manifestación negativa que puede dificultar la relación con su pareja. Seguramente, usted tiene cierto comportamiento que puede poner en jaque su vida amorosa. Y, dependiendo de la persona que a usted le guste o con quien tenga una relación, habrá una reacción diferente de ese comportamiento. Por lo tanto, la modificación de actitudes es otro pilar fundamental para que usted procure reducir esas diferencias y encuentre un punto de equilibrio donde haya un mejor intercambio de energía y un crecimiento conjunto, que permita que usted y su pareja tengan una relación duradera y gratificante.

En este libro hablaremos siempre directamente con quien debe tomar la iniciativa para equilibrar la relación: ¡usted! Nunca se quede esperando a que su pareja lance la primera… flor. La modificación de actitudes significa actuar, procurar equilibrar las energías que cada persona posee en función de las vibraciones de sus números.

Afinidad

Se habla mucho de afinidad y es bastante común escucharnos decir que determinada relación no dio resultado a causa de la incompatibilidad de caracteres entre la pareja. Pero es imposible que haya una afinidad total, porque eso no existe. Incluso porque, si existiese, ustedes no podrían vivir juntos. La afinidad es importante, pero hasta cierto límite: las diferencias hacen crecer a la pareja. Una relación es la unión de dos partes. Y una pareja está llena de complicidad. Ustedes se complementan, y el éxito de su relación depende de cómo consiga usted lidiar con las debilidades de la otra parte… y con las propias. Procure ser un buen observador de las virtudes de su pareja, mas no de las manifestaciones negativas de su número. En esa comunión de puntos comunes y de puntos complementarios, usted y su pareja conseguirán construir una vida alimentada por el entendimiento y por el aprendizaje continuo.

Renovación

Incluso en una relación en la cual usted y su pareja hayan logrado establecer una buena base, con respeto, comprensión y complicidad, hay momentos en que las características de cada uno pueden provocar desgastes. Por ello, es tiempo de renovar y de cuidar que no se apague la llama que los atrajo. La renovación es importante no sólo cuando la monotonía y la rutina diaria estén desgastando la relación. Si usted o su pareja están sofocados por la otra parte y no pueden manifestar sus individualidades, es tiempo de renovar.

Cuando eso ocurre, es el momento de respirar nuevos aires, de desligarse de la rutina, del trabajo, o incluso de buscar actividades que le permitan expresar mejor sus talentos. En cada combinación existen distintos modos en que se puede dar un nuevo impulso a la vida en común.

CAPÍTULO 5

Los números de la relación

LA ENERGÍA DEL AMOR QUE ESTÁ DENTRO DE NOSOTROS

> Tal vez el amor sea el proceso en que te llevo suavemente de
> regreso a ti misma.
>
> ANTOINE DE SAINT EXUPÉRY

Usted lleva dentro de sí una energía muy poderosa que le acompaña desde que vino al mundo: su fecha de nacimiento, seguramente el día más importante de su vida. Y tenga la seguridad de que usted no nació en ese día por casualidad: una combinación de las cuantiosas energías que rigen el universo hizo que usted viniese al mundo en determinado momento.

Esa energía que está dentro de usted es el objeto de estudio de la numerología. Los números son importantes desde los tiempos más remotos. Pitágoras, en la Antigua Grecia, fue el mayor exponente de esta ciencia esotérica y su teoría es la base de la numerología; por lo tanto, cada persona tiene un número que la acompaña desde el día de su nacimiento. Ese número posee una energía que determina lo que somos: nuestras potencialidades, características y decisiones.

Al estudiar las características de su número, usted tendrá mayor autoconocimiento y podrá tratar en forma más eficiente con las oportunidades y los problemas que surjan en su vida. La numerología tiene varios números personales, pero el más importante de todos es el *número de relación:* el que nos hace conocer cómo somos y cómo nos manifestamos, especialmente ante la persona que amamos.

Si conoce las vibraciones que existen tanto en su número de relación como en el número de la persona amada, usted descubrirá todos los puntos de afinidad y de fricción de la pareja y de esa manera podrá encontrar un punto de equilibrio para lograr una relación más armoniosa.

El número de relación se calcula a partir de su fecha de nacimiento, considerando el día, el mes y el año en que usted nació: éste es el número más importante para la vida de los dos; sin embargo, algunas personas se distancian de este número y acaban por experimentar sólo la energía del *día* del mes en que nacieron. De esta forma, al leer este libro, usted podrá tener en cuenta estas dos energías.

Para saber su número de relación basta con sumar los dígitos del día, mes y año en que nació la persona, reduciéndolos siempre a un único dígito, excepto en el caso del número maestro 11.* Para ejemplificar esto, vamos a elegir una pareja en la que él nació el 25 de mayo de 1960 y ella el 13 de diciembre de 1975:

Él:

$$25 + 5** + (1960) = 25 + 5 + 16 = 46$$
$$4 + 6 = 10$$
$$1 + 0 = 1$$

Por lo tanto, el número de relación de él es el 1. Como nació el día 25, se puede considerar también el número 7:

$$2 + 5 = 7$$

Ella:

$$13 + 1 2 + (1975) = 13 + 12 + 22 = 47$$
$$4 + 7 = 11$$

Así, el número de relación de ella es el 11. Como nació el día 13, también se puede considerar el número 4:

$$1 + 3 = 4$$

---

* Es el número de una persona cuya misión en la vida consiste en mirar por el prójimo y cuya inspiración es especial. Un número maestro es aquel cuyo resultado de una suma es 11, 22 o 33. En este libro abordaremos sólo el número 11, entendiendo que las personas que obtengan los números 22 y 33 deben considerar el 4 y el 6, respectivamente.
** Mayo.

Esta pareja tiene una combinación de la energía del número 1 con la energía del 11. Ambos pueden considerar también, respectivamente, las energías de los números 7 (él) y 4 (ella).

Dado que existen 10 números de relación, del 1 al 9 y el número maestro 11, son posibles 100 combinaciones. ¡En efecto, existe un centenar de formas de expresión de las vibraciones en los números!

¿Cuál de esas combinaciones es más compatible?, ¿cuáles son los números que usted debe evitar?, ¿con cuáles debe procurar relacionarse?

Es muy probable que usted se haga esas preguntas, pero no tenemos que hacer una tabla de compatibilidades. Naturalmente, existen combinaciones en las cuales hay mayor armonía, mas no existe una relación buena o mala: lo que existe son personas dispuestas a tomar la iniciativa, buscando el autoconocimiento para comprender mejor a su pareja y lograr así una relación más equilibrada.

Con el fin de que usted aproveche mejor su lectura, haga abajo el cálculo de sus números de relación y de los de la persona a quien ama o que le gusta. Para entender también la relación de otras parejas, haga sus cálculos en las páginas finales del libro.

PARTE II

LAS COMBINACIONES
DE NÚMEROS Y AROMAS
DEL AMOR

Características positivas

liderazgo – iniciativa
valor – innovación
independencia
tendencia a ser pionero

**Características negativas
que pueden experimentarse**
impaciencia
espíritu dominador
inflexibilidad
agresividad – egoísmo

Usted es un Sol. Seguro de sí, usted está siempre listo para explorar lo desconocido. No le teme a la oscuridad, pues desde pequeño aprendió a luchar solo, enfrentando todos los desafíos. Usted ilumina los caminos y descubre nuevos horizontes.

Usted es muy creativo por naturaleza y detesta lo contrario a la rutina, tiene siempre una solución adecuada para enfrentar los problemas y, en la búsqueda de un mundo nuevo, toma el control con firmeza y decisión. Sin embargo, su espíritu independiente lo hace en ocasiones una persona inflexible y egoísta; además, impaciente, tiene gran dificultad para lidiar con las críticas.

Si aprovecha y desarrolla sus puntos positivos y sabe manejar aquello que puede fastidiarle, tendrá una vida amorosa plena y llena de energía. Créalo, usted podrá ser el Sol para alguien muy especial.

LAS FRAGANCIAS DEL NÚMERO 1
Aplicación de toda su energía a una gran pasión

Para lograr mejor armonía en su relación, la persona 1 necesita controlar su impaciencia y su ansiedad. A partir de estudios acerca del efecto emocional que los aromas y los diversos aceites esenciales provocan en las personas, se observa que alguien con vibración del número 1 debe usar de preferencia fragancias que tengan la acción relajante del olíbano o bien el efecto calmante del espliego.

Espliego, *L. officinalis* (fam. *Labiadas*)
Los vientos que soplan sobre las fértiles tierras de Bulgaria son privilegiados: se calman al pasar por esta región de los Balcanes. El aroma emanado de la *Lavándula officinalis* lleva un mensaje de Dios a aquellos corazones agitados que llevan mucho amor dentro de sí, pero que lo desperdician en forma de tensión. Conscientes de eso, las jóvenes campesinas búlgaras saben que tienen una importante misión: con sus manos suaves y hábiles, recolectan la flor que posee el aceite esencial del espliego, cuyo aroma podrá ayudar al equilibrio de tantas relaciones amenazadas por amantes impacientes.

Olibano, *Boswellia carte* (fam. *Burseracet*)
Siglos de guerra en el sur de la península arábiga culminaron con la unión de dos países rivales: los dos Yemenes se fundieron en uno solo. Desde este reino mágico, ni el café ni la moka llevaron al mundo un mensaje de paz, relajando y serenando los ánimos más exaltados... fue el olibano, para muchos conocido como incienso, que hace que muchos amantes olviden sus diferencias y fijen sus miras sólo en el amor que existe en sus corazones. El campesino yemenita Ahmed, en su largo camino hacia la ciudad, carga más que hojas de olibano: orgulloso de su misión, sabe que lleva una planta que une amores, realiza sueños y logra que las personas del mundo entero encuentren un punto de equilibrio en sus relaciones.

1 CON 1:
USTED CON LA PERSONA 1

> Tanta luz al brillar,
> ¿logrará
> uno al otro no ofuscar?

Mucha luz y energía. Un deseo casi incontrolable de conquistar al mundo, de descubrir nuevos lugares, de crear, de atreverse... en fin, de huir de la rutina. Decidido y autosuficiente, a usted le gustan los desafíos, mas todo en esta vida sólo tiene una forma de hacerse: la suya. Usted quiere dominar la situación, controlar todos los movimientos; decir la palabra final, la inicial y la del medio también. Pero he aquí que surge otro 1 en su vida... ¿y ahora?, ¿quién va a ceder primero?, ¿quién va a ser paciente?, ¿cómo resistir una crítica?, ¿cómo superar un "no" proveniente de alguien que le gusta? Sin embargo, esa persona que a usted más le importa y por quien tiene el mayor afecto ¡tiene otro punto de vista! Pero ¿será posible? Sí, tendrá que ser así... no va a ser fácil, pero ustedes pueden, con paciencia, construir una relación excitante y siempre repleta de buenas sorpresas.

Admiración

Puntos qué admirar, ustedes tienen de sobra; el riesgo es que tengan demasiada autoadmiración y que sólo valoren sus propios triunfos, sin dar importancia a los del otro. La admiración es un camino de dos direcciones que genera respeto y hace más sólida la relación de pareja. Ustedes dos son pioneros, creativos por naturaleza. Imagine, con todo ese potencial, cuán lejos pueden llegar, comparta sus ideas, escuche, elogie, y valore el desempeño intelectual de su pareja: juntos podrán conquistar el mundo.

Modificación de actitudes

Una relación debe estar caracterizada por la búsqueda constante del equilibrio. Para convivir con otro 1, usted necesita ser muy paciente. Por ello, deberá aprender a no imponer sus puntos de vista y tendrá que ceder. Adopte una actitud mental positiva, tratando de controlar su impaciencia: usted posee buenas ideas y ya sabe lo que tiene que hacer, pero piénselo bien: ¿no es bueno también escuchar a la persona amada? Puede tener la certeza de que esto no le hará daño alguno y que su integridad no se verá afectada.

Afinidad

Es una relación de gran sinergia, positiva o negativa: de ustedes dependerá. Superando la primera barrera de la tendencia al individualismo y a la independencia, ustedes podrán formar una unión de lealtad y con mucha sinceridad. Dinámicos y atrevidos, tendrán una fértil comunión de ideas orientadas a la acción. Construirán así una relación excitante, vigorosa y llena siempre de novedades. Escuche a su pareja: la opinión de alguien que le quiere bien y que le conoce profundamente contribuirá a lograr un éxito todavía mayor.

Renovación

La búsqueda constante de renovación es uno de los pilares fundamentales para una buena relación. Procure realizar actividades en conjunto o enfrentar un desafío en el cual su pareja pueda mostrar que es hábil, y confirmar que también usted es una persona activa y determinada. Viajes, acciones comunitarias, competencias deportivas (¡en el m-i-s-m-o equipo!) les ayudarán a mantener encendida la llama de esta unión, con un clima... deliciosamente caliente.

1 CON 2
USTED CON LA PERSONA 2

Independiente por naturaleza, a usted le gusta recorrer sus caminos en solitario. Desde pequeño aprendió a no depender de los demás y acaba por concentrarse en sus propias realizaciones, y he aquí que de repente surge una persona 2, exactamente lo opuesto. Usted es impulsivo, mientras que el 2 es sensato y paciente. Usted es individualista, en tanto que al 2 le gusta hacer todo en conjunto. A veces usted no soporta ni la crítica más constructiva... y el 2, aun así, como es flexible, podrá comprenderle. O tal vez no, pues ese número tiene la misma seguridad en sí mismo que usted y puede querer controlar al prójimo. Mas para construir una relación de verdad debe haber diálogo, admiración mutua, renovación y la búsqueda de puntos comunes... o complementarios. Complementar: ésta es la palabra clave para relacionarse con el 2.

Admiración

No espere que la vida le extienda un tapete rojo para que usted recorra un camino victorioso; en vez de eso, haga que su vida transcurra a bordo de una alfombra mágica, junto con la persona 2. Nada se construye solo: el éxito se conquista con el apoyo de alguien, y para que una relación amorosa sea exitosa, es fundamental que cada uno valore al otro por aquello que él o ella es. La persona 2 le dará paz, enseñándole a funcionar en equipo. Usted muestra el camino y es el líder... Nada podrá detenerles.

Modificación de actitudes

El poder de nuestra mente es capaz de transformar, de construir... Una relación siempre está llena de dificultades: obstáculos que surgen y que son superados, y nuevos problemas aparecen en el camino. Usted, 1, es impulsivo y en la convivencia con la persona 2 puede sentirse atado o controlado en exceso. Deberá superar esto y tener paciencia para encontrar un punto de equilibrio entre sus expectativas y las de su pareja, aprovechando lo mejor que cada quien tiene para ofrecer. Usted deberá entender que el 2 se toma su tiempo, por lo cual de nada sirve presionarle.

Afinidad

Los polos opuestos se atraen, ¿no es verdad? Pero es más que eso: usted y la pareja 2 se complementan. Juntos, pueden formar una combinación feliz. Él o ella puede darle todo el apoyo que usted necesita, pues quiere su felicidad y se preocupa por lo que usted siente: es un conciliador nato que facilita la solución de los problemas. Sabe ponderar todos los puntos, ayudando a encontrar la salida. Pero no se quede esperando a que su pareja acepte todo pacíficamente, sino tome la iniciativa. Usted debe aprender con el 2 ese arte de ser comprensivo y saber escuchar.

Renovación

Usted tiene el poder del Sol, pero muchas veces su pareja sentirá que usted es el viento… siempre escapándose de sus manos. No permita que eso les lleve a una ruptura, ni se ponga triste, sino dé alas a su fértil imaginación e invente un plan, un viaje, algo nuevo que los haga cómplices, que los mantenga siempre unidos y motivados a ayudarse mutuamente. Y no se olvide de darle un ramo de rosas, una cena a la luz de las velas, una carta llena de palabras que salgan del fondo de su corazón.

1 CON 3
USTED CON LA PERSONA 3

Activo y osado, usted sabe lo que quiere y acostumbra actuar sin ayuda de nadie. No teme lo que pueda venir: valiente y creativo, supera los obstáculos con facilidad y siente orgullo por sus conquistas. De repente, tal vez en una fiesta o en algún evento, se topa con una persona 3. Alegre, irradiando jovialidad y buena disposición, él o ella, que es siempre el centro de atención por donde pasa, termina acertándole a su corazón. Divertida y desinhibida, esa pareja le va a dar trabajo, ¿eh, 1? Al 3 le gusta ser el centro de atención y usted, que también se empeña en destacar entre la multitud, haciendo todo a su propio modo, puede entrar en conflicto con esa persona. Pero detrás de esas desavenencias potenciales puede surgir una relación muy excitante, y entonces nadie va a detenerlos.

Admiración

El 3 tiene una marcada sociabilidad y le ayudará a dejar de ser tan individualista; despierta un gran interés en las otras personas: le gusta "lucirse" y usted, en vez de entrar en un espíritu de competencia, debe entender que su pareja 3 se siente bien al ser así. Usted, con su seriedad y determinación, va a dar a la relación un sentido de dirección. Y al aprender que la forma de ser de su 3 puede ser el motor para su realización, ustedes formarán una pareja llena de armonía.

Modificación de actitudes

La fuerza de nuestro pensamiento puede ayudarnos a superar cualquier obstáculo. En la conquista y en la relación con una persona es preciso estar siempre dispuesto a actuar de manera optimista, dando valor a sus virtudes y apreciando sus puntos positivos. La persona 3 es sensible y con tendencia a molestarse por los hechos más simples. Usted puede perder la calma y no aceptar críticas…; sin embargo, sea más paciente: en vez de centrarse tanto en sí mismo, procure descubrir el mundo, cultivando a su pareja 3.

Afinidad

Ustedes poseen una intensa energía orientada a la acción. A su pareja le gustan las novedades y el movimiento. Usted, que también es activo y creativo, pero más centrado en sus metas, podrá ayudarle a concentrar mejor toda esa energía. La música genera alegría en sus corazones. Adoran las fiestas, el teatro, el cine…, en fin, cualquier actividad en que la mente y el cuerpo físico estén involucrados. Usted se sentirá rejuvenecido al lado de la persona 3. Con gustos semejantes y mucha energía para compartir, ustedes podrán caminar siempre juntos, ligados por una atracción poderosa.

Renovación

Monotonía es lo que jamás existirá en la relación de una persona 1 con una 3. La convivencia con esta pareja estará repleta de gente y tendrá mucho movimiento, pero a veces tendrán que darse un tiempo para atenderse más uno al otro. Procure buscar actividades fuera de casa en las que ambos entren en sintonía. Un viaje, un curso, en fin, algo que haga que ustedes puedan sacar toda la pasión que llevan dentro, canalizando toda esa energía hacia el otro.

1 CON 4
USTED CON LA PERSONA 4

Su vida ha estado marcada por muchos obstáculos, que usted ha superado por sí mismo. Sus decisiones se han caracterizado por tener mucha energía, impulsividad y emoción. De repente surge en su vida una persona 4 para poner orden en la casa… Or-ga-ni-za-ción: ésta es su palabra clave. Para el 4, cada paso debe ser estudiado y ninguna decisión ha de tomarse sin antes realizar un análisis cuidadoso. ¿Logrará esa persona, a quien le gusta detenerse en los detalles y perder tiempo, sobrevivir ante su espíritu impulsivo? Y usted ¿aceptará a alguien que quiera controlar su vida? Por ese lado, no hay muchas seguridades. Pero… usted no puede olvidarse de que sin una base sólida, nadie llega a lugar alguno. La persona 4 va a darle una vida más moderada y objetiva, y usted puede transmitirle toda su creatividad y su espíritu de liderazgo, virtudes que ella necesita mucho.

Admiración

Admirar a una pareja es dar valor a aquello que ella hace y a la forma como lo hace. Es aceptar que ella puede ayudarle mucho a usted en su camino, es un intercambio. Usted deberá dar importancia a la calma y a la capacidad de concentración del 4, y él o ella va a apreciar su eficiencia y habilidad para tomar decisiones rápidas. Así, la relación se vuelve inmune a las influencias externas y los dos consiguen construir una vida gratificante, caracterizada por un enriquecimiento continuo, tanto espiritual como material.

Modificación de actitudes

La relación de una persona 1 con una persona 4 exige mucha paciencia, pues a usted le gusta la libertad y su pareja tiende a ser excesivamente controladora y crítica. El 4 es más conservador y puede desalentar sus iniciativas. Para que ustedes se acerquen y tengan una relación más equilibrada, usted necesitará ser más paciente, controlando mejor sus impulsos y procurando aprovechar los beneficios que una vida más organizada puede generar. Usted estará colocando sus caminos y sus objetivos en mayor sintonía.

Afinidad

Hasta ahora, hablamos de una relación potencialmente explosiva: independencia en oposición a control. Ustedes tienen personalidades que pueden complementarse, en vez de entrar en pugna. La persona 4 no goza de la misma iniciativa ni de la capacidad que usted tiene para encontrar salidas cuando está en apuros. Y usted puede descubrir que su pareja es un puerto seguro, donde aprenderá a desarrollar un poco de disciplina y de espíritu práctico, que son muy necesarios en la vida. Trabajando sus virtudes y minimizando los efectos de sus diferencias, formarán una pareja triunfadora en todos los aspectos.

Afinidad

Ustedes son dos personas luchadoras que no miden esfuerzos para ir detrás de aquello que anhelan. Usted, de una forma no muy planificada, y la persona 4, actuando de manera más metódica. Pero, aun cuando ambos estén acoplados, el ajetreo cotidiano puede generar una rutina que nunca es saludable para una relación. Usted, que gusta de las novedades, procure sacar a su pareja de la vida organizada que lleva, dando siempre un entorno distinto a su vida en común, por ejemplo: ¿qué tal una fiesta sorpresa?

1 CON 5
USTED CON LA PERSONA 5

Un encuentro en las alturas. Dos personas que aprecian la libertad de ir y venir, sin tener que dar muchas explicaciones. Para la persona 5, la relación necesita ser muy envolvente, lo cual no siempre ocurre con usted; por otro lado, tampoco es fácil entender la mente de esa pareja, siempre llena de ideas y descontenta con todo lo que huela a rutina. Mas, con un poco de habilidad, ustedes podrán tener una unión explosiva… apasionante. Procurando aceptar al otro, cediendo en algunos aspectos y compartiendo sus experiencias, vivirán una relación excitante, sin espacio para la monotonía, con mucho movimiento y aventura… En fin, una sorpresa para cada día.

Admiración

Su pareja siente una enorme fascinación por las personas osadas, diferentes, que no le temen a nada y que están en busca de nuevos espacios: exactamente lo que usted es. Mas, antes de que se sienta usted muy convencido, sepa que una relación es intercambio de energía y admiración; no quiera ser el "bueno". La autoconfianza es importante, pero tiene un límite. Entienda que su pareja podrá ayudarle a crecer, y no quiera ser superior a él o a ella. De otro modo, no habrá relación que resista. El 5 es audaz y con su enorme capacidad de adaptación podrá dar nuevas perspectivas a su vida.

Modificación de actitudes

Con tanta energía en la pareja, ustedes podrán entrar en conflicto muchas veces. Usted no soporta a alguien que quiera limitar su libertad; por su parte, su pareja es una persona impulsiva y se cansa fácilmente de lo que hace. Se fastidia con todo lo que sea tardado o repetitivo. Usted debe compartir más los proyectos de su pareja, cargados de mucha emoción. Sea menos mandón, entregándose más al espíritu desprendido y diverti-do de su pareja. ¡Ría!

Afinidad

Usted se pone furioso con la tendencia de su pareja a cambiar los planes, pudiendo perjudicar el camino hacia sus objetivos. Usted tiene la manía de querer resolverlo todo solo y cree que todo lo sabe: calma, escuche un poco la opinión de su pareja 5. No quiera ser el centro de todas las aten-ciones. Es importante que desde el inicio de la relación se defina no só-lo el espacio de cada uno, sino también el espacio común. Con un buen diálogo, su relación con una persona 5 va a ser emocionante.

Renovación

Su pareja odia la monotonía; por ello, procure con frecuencia escapar de la vida cotidiana y vaya a lugares distintos: es una excelente oportunidad para pasar juntos buenos momentos. A los dos les gustan, en especial, las actividades al aire libre, dinámicas y excitantes. Los viajes aportan varie-dad y nuevas experiencias. Manténgase también abierto a las ocurrencias y a las sorpresas que tanto le gustan a su pareja. Incansables en la búsque-da de novedades, si actúan de este modo jamás se cansarán uno del otro.

1 CON 6
USTED CON LA PERSONA 6

Usted es un amante inveterado de la libertad para ir y venir, maestro de la vida, de la frase "mirar por uno mismo". ¿Miedo? Es una palabra de sólo cinco letras, y no necesitaría tener ninguna... pues no existe en su diccionario. Súbitamente, surge una persona 6 en su camino: romántica, está en busca de una relación seria y segura donde pueda construir una familia, un hogar. Adora el contacto físico, ser escuchada, necesita sentirse querida y deseada. Mas esté atento: una pequeña mentira puede poner en riesgo esta relación. Mírense a los ojos, trate con cariño a esta pareja, alabe sus iniciativas... usted estará conquistando a un gran aliado para triunfar en su camino.

Admiración

La admiración mutua es uno de los pilares básicos para el éxito de una relación. La vanidad de su pareja 6 exige que usted la valore. Él o ella hace todo con esmero: desde la ropa que usa y la que compra de regalo para usted, hasta la preocupación que tiene por su aspecto personal; lucha por la armonía familiar. El 6 apreciará su estilo atrevido y su capacidad para liderar nuevas empresas. En este intercambio, la relación del audaz 1 con el afectuoso 6 tiende a perpetuarse en un clima de crecimiento continuo.

Modificación de actitudes

Usted acostumbra ser ansioso e intolerante, en especial ante una persona que tiene muchos escrúpulos, como el 6; a su vez, él o ella requiere mucha atención, es detallista y se cuida en todos sus pasos. Este comportamiento puede provocar un clima pesado, de discusiones y peleas, por lo cual es preciso adoptar una actitud constructiva, positiva, en busca de una relación armónica, y eso comienza dentro de usted. Sea más paciente: procure evaluar mejor las situaciones y entienda las indecisiones de su pareja, porque vienen del corazón de alguien que quiere ayudarle.

Afinidad

Usted y la persona 6 deben explorar más sus puntos de convergencia. Progresistas, no temen a las dificultades y las superan sin grandes traumas. Su pareja se siente atraída por su entusiasmo, pero quiere la comodidad del hogar, así como una relación estable. Si usted demuestra que está interesado en la realización conjunta y en el bienestar del hogar, la persona 6 será una buena pareja y podrá hacer concesiones a su instinto de libertad. Si llevan esta unión de una forma madura, ustedes tendrán una vida llena de alegrías y realizaciones.

Renovación

Usted puede preparar una nueva receta de un buen platillo y la pareja 6, seguramente, va a dar sugerencias para que tenga un mejor sabor, ayudando a preparar una comida insuperable. Luz de velas, cartas de amor, muchas flores, y la persona 6 le dará crédito… Adora una buena sorpresa, y hasta una simple palabra, salida del fondo del corazón, puede hacer una gran diferencia. La vida en familia, viajes a lugares glamorosos y un fondo musical envolvente… Éste es el menú para una relación cálida con esta pareja romántica. ¿Me aceptas un baile?

1 CON 7
USTED CON LA PERSONA 7

Sabio, al 7 le gusta reflexionar profundamente en todo lo que aprende y experimenta. Introspectivo, es impasible ante el tiempo y el espacio: nada le perturba, ni su silencio implacable en busca de respuestas que le conforten. Confiable, guarda bien los secretos y sabe dar consejos que le pueden ayudar en sus decisiones más importantes. El 7 puede ser la base espiritual que muchas veces le hace tanta falta a usted, 1. Su desafío es entender el mundo de esa persona: él o ella necesita tiempo, y poco a poco usted podrá abrir su camino y construir una relación deliciosa. Pero calma, no tenga prisa. Con el 7, todo tiene su momento, y cuando llega… ¡vale la pena, claro que lo vale!

Admiración

Usted debe valorar la intuición y la sabiduría del 7, y él o ella puede darle consejos decisivos para que usted escoja mejor su camino. Cuente también con su espiritualidad y con su loable fuerza mental. A su vez, el 7 deberá valorar la objetividad que usted posee: como tiende a perderse en tantos análisis, usted podrá ayudarle a poner los pies sobre la tierra. El 7 es introspectivo y aprenderá a soltarse más con usted, a la vez que apreciará sus cualidades de innovación y su estilo decidido.

Modificación de actitudes

Usted acostumbra actuar con individualidad, impulsividad y ansiedad, comportamientos incompatibles en una relación con una persona 7 y, en consecuencia, puntos de fricción y desgaste. Usted, con su propensión a querer que todo sea resuelto rápidamente, puede tener dificultades para entender a su pareja. Calma, de nada sirve tener prisa. La fuerza del pensamiento podrá contribuir a dar mayor equilibrio a la relación. Procure cambiar sus actitudes: sea más paciente, deje de creer que todo lo que piensa es lo mejor y entienda que el 7 tiene su propio ritmo.

Afinidad

Procure trabajar aquellos puntos en que ambos se complementen. A usted le gusta decidir y actuar en solitario, sin tener que dar muchas explicaciones. El 7 prefiere analizar a su pareja, para tener la confianza de abrirse. Y ahora… ¿quién va a ceder primero? Trate de mostrarse más estable y aprenda a ser menos impaciente. A partir de ahí, el 7 puede sentirse más a gusto, entendiendo que sus reflexiones pueden ser puestas en práctica, en pro de la felicidad de la pareja. Y usted, más dinámico, dará sentido a estas ideas.

Renovación

Procure respetar el espacio de la persona 7 y realizar actividades nuevas que los pongan cada vez más en sintonía. Profundice más en los misterios de la vida. A ustedes les gusta estar en lugares refinados y aprecian la música y la comida de la mejor calidad. Dar un ritmo envolvente y estimulante a esta relación no le será tan difícil, sino sólo requiere un poco de paciencia, especialmente al comienzo. Actividades en pareja como cursos de autoconocimiento, paseos en contacto con la naturaleza y dedicarse a obras humanitarias harán que se sientan más unidos.

1 CON 8
USTED CON LA PERSONA 8

Dotada de un pensamiento analítico y de una intuición desarrollada, la persona 8 tiene facilidad para transformar los sueños en realidad. Trabajadora austera, es perseverante y no se abate ante las dificultades; por donde pasa analiza, planea y ejecuta de forma exitosa sus acciones; es una luchadora que busca obstinadamente la realización material. A veces, su ambición llega a ser tanta que se aparta de una participación más espiritual. Como usted es también un espíritu ambicioso (aunque no tan predominante como en su pareja), puede haber un clima de gran competencia entre ustedes. Su pareja estará midiendo y cuestionando las actitudes de usted. Su misión en esta relación es procurar dosificar la ansiedad de ambos. Ayúdele a tomar iniciativas y cuente con él o con ella: usted se sentirá más apoyado y seguro en sus empresas.

Admiración

Su pareja admirará su gran creatividad, así como su estilo optimista e impetuoso, características registradas de la persona 1. Preste atención a la capacidad de organización y a la eficiencia de su pareja 8, que arrojarán resultados materiales considerables. Repare en sus realizaciones y usted apreciará su estilo influyente. En una relación entre dos personas ambiciosas, es fundamental que cada una encuentre en la otra por lo menos un punto de apoyo. Para que una relación sea sólida, es básico que uno valore al otro y que ninguno se crea dominante.

Modificación de actitudes

Ustedes son dos personas decididas y querrán volar alto desde el principio. Su estilo osado y muchas veces individualista choca con la personalidad austera y obstinada de la persona 8. Usted tendrá que esforzarse para reducir esa distancia entre los dos. Adopte una actitud positiva, buscando construir una relación armoniosa: evite la competencia y descubra los puntos positivos de su pareja.

Afinidad

Procure explorar los puntos de convergencia, sacando provecho de los rasgos positivos del otro, de los cuales usted tiene necesidad. El 8 le ayudará a organizar sus planes y a orientar mejor su rumbo. Ustedes tienden a estimularse uno al otro mentalmente, lo cual es muy importante en una relación entre dos personas exigentes con un desempeño propio. Uno puede apoyarse en el otro en los momentos difíciles y ser el pilar del otro cuando surjan dudas o inseguridades. Podrán realizarse no sólo afectiva, sino también materialmente.

Renovación

Procure dar espacio al 8, programando actividades que ayuden a mantener cálida la relación. Con la organización y la vitalidad de su pareja, ustedes pueden organizar campañas humanitarias de altos vuelos. Actividades como la construcción de una casa, una reforma o algo concreto también motivarán a su pareja y la sacarán de su rutina, colocando la relación en fuerte sintonía. Procure también, de vez en cuando, sacar a su pareja del ambiente de trabajo: dense una escapada. Esconda la laptop, los celulares, etcétera.

1 CON 9

USTED CON LA PERSONA 9

Él o ella es la bondad en persona…, su amor al prójimo es contagioso. Desapegado de los bienes materiales, el 9 es sabio y creativo y acostumbra usar sus dones para hacer que otros sean felices. Usted podrá tener todo el amor y la atención que desea, y su pareja se sentirá recompensada al ver que usted está bien. Pero no abuse de su dedicación, ni caiga en la tentación de pensar solamente en sus realizaciones, pues él o ella tiene sentimientos y quiere ser correspondido. Usted tiende a actuar solo y a no pedir la opinión de nadie, ni siquiera de su pareja. Por más bondadoso que sea el 9, para todo hay límites. Y una relación auténtica es aquella en la cual existen la comunión de objetivos y la reciprocidad.

Admiración

La pareja 9 aprecia las sorpresas y sus innumerables ideas, 1; adora escuchar sus historias y sus hazañas, piensa que siempre aprende algo con usted, sabe agradar; además de ser buen oyente, tiene gran fortaleza psíquica y mucha comprensión. La sensibilidad y la creatividad de su pareja son cautivantes, a la vez que su preocupación por los menos privilegiados es conmovedora. Servir a otros le hace feliz, pero en el fondo desea también que usted valore su forma de ser y sus realizaciones.

Modificación de actitudes

Idealista y soñadora, siempre en busca del bienestar de aquellos que están a su alrededor, la persona 9 puede distanciarse de la vida afectiva e incluso no darse cuenta de ello, en cuyo caso usted tendrá que demostrarle que, aun cuando la dedicación a otras personas es una actitud loable, el punto de partida debe ser la pareja, el hogar. Como usted tiende a ser impaciente y obstinado, puede irritarse con el modo de ser de su pareja. Sea más tolerante y menos celoso y apoye a su pareja a ser más realista y a tomar decisiones...

Afinidad

Usted posee la originalidad y la impetuosidad que combinan con la sabiduría y la madurez de esta pareja. Las oportunidades de una relación repleta de armonía y entendimiento son excelentes. La persona 9 desea un amor ideal, con una fuerte carga espiritual; intuitiva, puede ver muy lejos y es capaz de ayudarle a ampliar su horizonte. Él o ella busca a alguien que sea inteligente, educado y que tenga buen corazón. Dominando su instinto individualista y teniendo cuidado con las exigencias que puede hacer al otro, usted tendrá una relación gratificante.

Renovación

Aun cuando la compatibilidad entre usted y su pareja sea buena, no deje que la relación caiga en la rutina. Su pareja podrá estar involucrada excesivamente en sus obligaciones enfocadas a sus grandes obras y usted demasiado ligado a sus propias actividades. Procure estar atento a esto y, si es así, encuentre una forma de hacer algo nuevo en lo cual estén juntos, experimentando una vida en común más cooperativa. Un viaje que se salga de lo habitual (nada de excursiones) es una buena oportunidad de dar un nuevo rumbo a sus vidas.

1 CON 11
USTED CON LA PERSONA 11
HUYA UN POCO DE LA TRADICIÓN
Y ABRA SU CORAZÓN

A usted le gusta la independencia y no tolera que se entrometan en sus asuntos. Quiere ser apreciado y adora el elogio y con dificultad logra expresar sus sentimientos respecto a su pareja. La persona que vive bajo la vibración del número 11 tiene la energía de un número maestro: a pesar de no aparentarlo, es nerviosa y tensa, como usted. El 11 se dedica con afecto a la relación y desarrolla un espíritu de comprensión mucho mayor que el suyo, lo cual facilita la convivencia de ambos. Sin embargo, no se confíe, pues la persona 11 se puede frustrar si usted es muy individualista, y se irá apartando de la relación... Cuando usted se dé cuenta, puede ser demasiado tarde.

Admiración

Su pareja admirará su determinación y su modo independiente de actuar, atributos que muchas veces necesita para alcanzar sus objetivos. Usted es una persona orientada a la acción y puede ayudar o estimular al 11; a su vez, él o ella podrá ayudarle a tener una visión más abierta del mundo. Aprecie la gran amplitud de pensamiento y acción del 11 y su facilidad para desempeñarse bien en cualquier área.

Modificación de actitudes

Su pareja es muy paciente; sin embargo, puede alternar periodos de grandes realizaciones con etapas de inseguridad. Y esta oscilación puede provocar un desequilibrio en la relación, principalmente porque usted es impaciente y se enoja cuando le llevan la contraria. Procure controlar su ansiedad, siendo menos exigente consigo mismo y con su sensible pareja y expresando más sus sentimientos.

Afinidad

Usted puede quedar intrigado con los bruscos cambios de actitud del 11. Ansiosos por naturaleza, los dos acaban por chocar con las dificultades que la realidad impone. Usted quiere resolver sus conflictos de inmediato y su pareja nunca se conforma con lo que ya ha logrado, por lo cual siempre quiere hacer más. Pero la enorme capacidad de comenzar de nuevo y el espíritu de iniciativa que ambos poseen podrá llevarlos a grandes conquistas en conjunto. La combinación de esa persona cariñosa e inspirada, con la lealtad y la poderosa energía que hay dentro de usted, abren el camino para que vivan una intensa pasión.

Renovación

Dos personas con espíritus independientes están siempre en busca de nuevos horizontes y, a veces, sus planes trascienden los límites de esta unión. Para reforzar la atracción que hay entre ustedes, procure realizar actividades que exijan creatividad y planteen grandes desafíos a superar. Y, para tenerle cerca en cualquier tarea, no se involucre en asuntos pequeños o su pareja perderá el interés.

Características positivas
sensibilidad
receptividad – paciencia
diplomacia – adaptabilidad
espíritu conciliador
flexibilidad – romanticismo
gentileza

Características negativas
que pueden experimentarse
pasividad – timidez
indecisión – dependencia
espíritu crítico – sumisión
inseguridad – inestabilidad

Usted es la paz, procura vivir en armonía con el universo y quiere estar bien con la vida; además, aprecia la cooperación, rechaza el individualismo y une a los que pelean, trayendo el equilibrio. Su calma y su encanto son sus armas para sembrar esa paz. La persona que vive con la vibración del número 2 tiene una lección de vida orientada a acercar a sus semejantes, para comprender, dar… amar. En el plano afectivo, su espíritu conciliador y su gran sensibilidad le darán a usted una considerable dosis de paciencia con su pareja.

No permita que la inseguridad se apodere de su vida, ni de todas sus actitudes, convirtiéndole en una persona sumisa y dependiente. Muchas veces usted se mantiene esperando, esperando, esperando… el momento preciso. ¿Cierto? A esta altura, quizá ya le haya pasado muchas veces. Indeciso, usted acaba por esconder sus sentimientos. No deje que las oportunidades se le escapen de las manos. Su mayor desafío es aprender a ser cooperativo sin ignorar su propia independencia y sus necesidades y deseos personales.

LA FRAGANCIA DEL NÚMERO 2
Cómo liberar el fuego que existe en su interior

Para lograr mayor armonía en su relación, la persona 2 necesita superar la timidez y dejar fluir sus deseos. A partir de estudios sobre el efecto emocional que los aromas y los aceites esenciales provocan en las personas, identificamos que alguien con vibración del número 2 debe usar de preferencia fragancias que tengan el efecto estimulante del alcanfor, que proporciona más extroversión, o bien, fragancias que tengan la acción revitalizadora del jazmín, que propicia más optimismo y confianza.

Jazmín, *L. Jasmium officinalis* (fam. *Oleáceas*)
La brutalidad de los hombres encontró en las guerras su culminación, su manifestación más profunda; sin embargo, hace más de 2 000 años Cleopatra enfrentó la inercia de dicho comportamiento salvaje con un arma mucho más poderosa: la seducción de las fragancias, y el afrodisiaco *Jasmium officinalis* fue su aliado más importante: con el poder estimulante del jazmín, cultivado en Egipto, ella hechizó los aires del Mediterráneo. Con él, Cleopatra cambió la historia de la Humanidad sin derramar una gota de sangre. Hoy, la flor del jazmín es cultivada no sólo en la tierra de los faraones, sino también en la India, Francia y Marruecos. Su aroma despierta los deseos y libera una gran pasión adormecida o escondida en el fondo de un corazón.

Alcanfor, *Cinnamomum camphora, T. Ness y Eberm.* (fam. *Lauráceas*)
Una hoja pequeña y una flor blanca; presente en todas las partes de un árbol que llega a medir más de 20 metros de altura, el alcanfor necesita decenas de años para formarse. Esta joya que viene de Oriente fue cultivada originalmente en China y posee propiedades estimulantes, generando mayor extroversión y dando una motivación a los corazones más contenidos, que tienen hibernando dentro de sí una gran pasión. Su aroma es envolvente y penetrante, y su acción inicialmente refrescante incide sobre el sistema nervioso, controlando la respiración y originando, así, mayor equilibrio.

2 CON 1
USTED CON LA PERSONA 1

Sueños: una gran voluntad de vencer. En usted existen muchos planes y proyectos, a la vez que su espíritu pacífico y conciliador permite que haga muchas amistades. Sin embargo, no siempre tendrá la seguridad y la confianza necesarias para enfrentar los desafíos que la vida le impone. Usted requerirá el apoyo de alguien, en especial de alguien que ponga sus ideas en acción. ¿Surgió una persona 1 en su camino? ¡Aleluya, puede ser la oportunidad de su vida! Osada, "lanzada", ella podrá ayudarle a concreta sus sueños. Usted tendrá que saber enfrentar el individualismo de esta pareja y con paciencia le colocará en una órbita más próxima a la suya.

Admiración

Pareja: comienza con par... y significa una relación que debe estar caracterizada no sólo por el intercambio de afecto, sino también por la valoración de la otra persona. Ninguno puede sentirse superior o más importante que el otro: la felicidad emana de la unión, nunca de la competencia. Y de eso usted tiene de sobra. Usted deberá ser admirado por su dedicación, lo cual traerá más seguridad para la relación; a su vez, la persona 1, que es valiente, ágil y creativa, va a darle a usted más posibilidades para que salga de su encierro y logre realizar sus planes con mayor seguridad.

Modificación de actitudes

Paciencia y capacidad para construir una relación llena de comprensión son atributos de toda persona 2; no obstante, en la vida diaria la relación con una persona que a veces es egocéntrica y dominadora como el 1 exigirá una considerable flexibilidad. Tímido, usted tendrá dificultad para seguirle el ritmo. Si desea encontrar el equilibrio en esta relación, usted tendrá que controlar su inhibición. Tenga un pensamiento más positivo, orientado a la construcción de una verdadera unión, en la que el 1 abre los caminos y usted aporta su apoyo, sobre todo en las horas más críticas.

Afinidad

Ustedes se complementan y sus grandes diferencias son motivo de atracción. El 1 tiene la audacia y la impetuosidad de la que carece usted, que es retraído; por su parte, usted es detallista y ve todos los puntos de una situación, completando así las brechas que su pareja, en su apresuramiento, no percibe. Juntos pueden tener una relación plena de armonía y alcanzar el éxito en innumerables actividades conjuntas.

Renovación

Reciclar… toda relación afectiva necesita un nuevo interés para no entrar en una rutina desgastante. Usted es una persona romántica y le gusta ser objeto de una atención especial, aunque su pareja tiende muchas veces a centrarse en sus preocupaciones. Aun cuando usted haya logrado contener la ansiedad del 1, éste puede tener una recaída. Procure desarrollar una actividad que los coloque en la misma sintonía… Ver una película sensual, comer en restaurantes íntimos… viajar hospedándose en una cabaña… ¡y su pareja estará en sus manos!

2 CON 2
USTED CON LA PERSONA 2

De algún modo, usted encontró a otro 2. ¡Vaya, qué bien! Es, literalmente, una relación de dos. Con dos compañeros a quienes les gusta ayudarse, con dos compañeros que saben escuchar y ponderar, con dos personas pacíficas y conciliadoras, la compatibilidad y la complicidad… son totales. Las conversaciones van lejos: tienen tema para rato. Parece un sueño… pero tenga cuidado, porque muchos proyectos en común pueden llevar a la relación a caer en una peligrosa rutina, carente de iniciativa y liderazgo. Ustedes pueden estar actuando sin objetividad y acabarán por llegar a ningún lugar; sin embargo, no se engañen: ustedes tienen un gran potencial para construir una relación sincera y duradera, con mucho romanticismo, pero deben estar atentos a la consistencia de sus planes y tienen que ser más atrevidos en sus actitudes.

Admiración

Seguramente no va a faltar; por el contrario, va a sobrar. Ustedes dos son semejantes y, en el caso de la personalidad 2, en vez de conflicto habrá una gran comunión de intereses. Sinceros por naturaleza, tendrán en esta admiración mutua el cimiento seguro para construir una relación, atemperada con mucho amor y comprensión. Estos ingredientes serán fundamentales para superar cualquier desafío que pueda surgir en sus caminos.

Modificación de actitudes

Ustedes forman un dueto extremadamente paciente en relación con los problemas de la pareja; no obstante, a veces pueden manifestarse la indecisión o la timidez, perjudicando la realización de sus sueños y la propia relación. ¡Alguien tiene que dar el primer paso! Usted debe empeñarse en buscar mayor equilibrio en la vida en común, adoptando actitudes más positivas, "agresivas" y firmes, y superando tanto su inhibición como la pasividad de la pareja.

Afinidad

Además de una gran amistad, existe mucha afinidad en esta unión; sin embargo, una persona 2 puede fácilmente volverse sumisa respecto a otra. No deje que eso suceda, pues podría traer consecuencias graves en el futuro, comprometiendo la calidad de la relación, por más bella que ésta pueda ser. Uno debe siempre apoyar al otro para que superen sus inseguridades. Así, podrán concretar sus planes y vivirán en un clima de intensa pasión.

Renovación

Admiración, afinidad, actitudes positivas, comprensión… En suma, ya existen los pilares para que ustedes tengan una vida plena de felicidad. Pero la lucha diaria puede hacer que disminuya la llama de aquella fuerte atracción. Mas ustedes son románticos, les gustan los pequeños y lindos detalles y ya existe la predisposición para una entrega mutua. Así, no será difícil procurar desvincularse momentáneamente de las obligaciones, y salir por ahí en una nueva luna de miel, en la cual sólo habrá espacio para un delicioso e intenso intercambio de afecto.

2 CON 3
USTED CON LA PERSONA 3

Usted, que gusta de vivir una vida más reservada, cultivando su hogar y su pareja, ya puede prepararse: si una persona 3 surgió en su camino, su vida sufrirá una gran sacudida. Sociable, jovial y comunicativo, el 3 tiene muchos amigos, varios verdaderos y otros que piensa que son sus amigos, pero que a la hora de necesitarlos… Dado que a veces el 3 es superficial como muchos de esos amigos aparentes, usted va a tener que empeñarse por demostrar a esa eléctrica y festiva pareja que la vida es mucho más que un "rato". El 3 es muy carismático y traerá para usted un mundo nuevo de oportunidades y experiencias. Le gusta alegrar a los demás: ¡así que diviértase!

Admiración

Su estilo diplomático, 2, le distingue de otras personas que tienen la vibración de otros números. Su capacidad intelectual, su estabilidad y su honestidad le hacen un ser especial, que deberá despertar la admiración de la pareja 3. Y usted, por su parte, apreciará el estilo "estrella" y toda la capacidad de comunicación que esa persona posee. En vez de sentir celos, enorgullézcase de su pareja y aproveche para construir una relación sincera y responsable, pues este 3 podrá llevarle muy lejos.

Modificación de actitudes

Muchas veces, usted es inseguro e indeciso. La timidez le atrapa y perjudica su relación y sus conquistas: usted no logra expresarse como quisiera, y al lidiar con el comunicativo y parlanchín número 3 puede sentirse todavía más preso. Usted necesitará cambiar sus actitudes y aprovechar ese modo expansivo de su pareja. No se inhiba: ábrase más y tenga la certeza de que él o ella, que es menos maduro, requiere a alguien como usted como mentor, para poner toda esa energía en su lugar. Y aproveche los momentos de mayor convivencia social que el 3 le proporciona para mostrar ese encanto que usted tiene de sobra.

Afinidad

Es una buena combinación, en la que usted podrá ayudar a su pareja a pensar y decidir, pues el 3 tiene muchas ideas, mas no siempre sabe qué hacer con ellas, despojando así a su vida de un sentido más claro. En esta relación, le tocará a usted mostrar los caminos y su pareja le ayudará a superar la timidez, presentándole nuevas personas y motivándolo cuando fuere necesario. Ustedes pueden atraerse fácilmente y mantener una relación de crecimiento mutuo y de gran amistad.

Renovación

Una buena relación necesita reciclarse constantemente y buscar nuevas experiencias. Usted, que es romántico, y su pareja, que es optimista y orientada a los placeres de una vida social intensa, podrán seguir una senda llena de dedicación y pasión. Aprecian las artes y adoran bailar; pero no permanezca nunca en segundo plano ante la elocuencia de su pareja, sino procure sacarle a veces de la convivencia y de la exposición a mucha gente, y colóquela entre sus manos, para que cultiven más la intimidad en pareja.

2 CON 4
USTED CON LA PERSONA 4

Es la organización en persona. Todas sus acciones siguen un plan previamente trazado; exigente, no admite fallas suyas ni de los demás; trabajador austero, se dedica en cuerpo y alma a sus actividades; no soporta decepcionar a alguien, principalmente a sí mismo… Puntualidad británica, autodisciplina y elevado espíritu práctico. El 4 no da tregua: nada escapa a su mirada crítica. Para usted, que es paciente y maleable, que se adapta a otros con cierta facilidad, esta relación traerá más apoyo y tranquilidad.

Admiración

Su habilidad para pacificar en medio de las situaciones más delicadas deberá ser muy apreciada por el 4. Serio y responsable, él o ella busca una pareja leal y sincera, características presentes en las personas que tienen la vibración del número 2. Por su parte, usted no tendrá dificultar en encontrar puntos positivos en su pareja y que sean importantes para usted. De esta manera estará preparado el terreno para tener una relación duradera, nutrida por un gran sentido de respeto y confianza mutuos.

Modificación de actitudes

Luz verde para esta relación, pero tenga cuidado: la persona 4 no tolera a la gente indecisa. Y usted a veces tiene sus recaídas, perdiendo un poco o mucho el control de la situación. El espíritu crítico de su pareja puede alcanzarle de lleno y echar más leña a la hoguera, haciendo que usted se retraiga más. Para que haya más equilibrio en esta relación, controle su inhibición y modifique la percepción que tiene de su pareja. Si desea lidiar con la personalidad irritable del 4, toda persona 2 tendrá que procurar no llevar su hipersensibilidad a los extremos.

Afinidad

Usted y el 4 forman una pareja estable. Él o ella es un planeador nato, atento (¡qué bueno!) y decidido, no es inconstante como otras personas, tiene los pies en la tierra y actúa con firmeza; pero la rigidez excesiva puede dejarle un poco "encasillado" y ajeno a la realidad. Usted puede ser el punto de ponderación y ayudarle a reflexionar mejor y a encontrar los caminos más adecuados. Ustedes pueden formar una pareja unida por fuertes lazos de amistad y admiración, en la que uno lee los pensamientos del otro.

Renovación

A pesar de ser muy amable, el 4 está lejos de ser esa persona romántica con la que usted tanto ha soñado. Está obsesionado por su trabajo y tiene gran dificultad para desligarse de las preocupaciones cotidianas, en especial de las profesionales. Para atenuar este cuadro, usted deberá desarrollar siempre el lado afectuoso de su pareja que, a pesar de que no se manifiesta, existe. Él o ella necesita tener un poco más de espiritualidad en su vida. Despierte en su 4 el gusto por las artes y programe actividades que generen un clima de gran esparcimiento: su pareja se soltará y fluirá con usted… con los mismos sueños.

2 CON 5
USTED CON LA PERSONA 5

Como una ráfaga de viento, pasa llevándose todo, incluido usted. No hay rutina, ni monotonía, ni tiempo que perder. La persona 5 quiere aprovechar todas las oportunidades y conocer todo y a todos; al final, la vida fue hecha para ser vivida, ¿no es cierto? Pero si usted no estuviese preparado, ese viento podría hacerle mal. Amante de la libertad, curioso e independiente, el 5 es un ciudadano del mundo. Su magnetismo encanta a todos, ¡incluso a usted!; pero ¿cómo conquistarle?, ¿cómo mantener viva la relación?, ¿cómo usted, que es tan sensible y necesita de atención, sobrevivirá a ese huracán? o ¿cómo no dejarlo entrar... si en el fondo usted quizá quiera ser tragado por él?

Admiración

Usted ya se dio cuenta de su capacidad para apaciguar conflictos y superar dificultades. Su mente flexible le hacer salir victorioso en distintas situaciones. En los estudios, en el trabajo, en la comunidad y en casa. Ya el magnetismo, el espíritu vanguardista y la creatividad de la persona 5 la distinguen de los demás. Pero él o ella necesita alguien como usted para minimizar los efectos de ese modo impulsivo, inquieto y agitado.

Modificación de actitudes

Ustedes dos son románticos, pero la convivencia con una persona tan expansiva y atrevida como el 5 puede desestabilizar a alguien más comedido y tranquilo, como usted. ¿Problemas a la vista? No. Usted tiene posibilidades de superar las adversidades y vivir en armonía con esta pareja. Las diferencias son saludables para una relación y su desafío consistirá en descubrir dónde está el punto de equilibrio. Procure ser menos acomodaticio y comience a enfrentar naturalmente el estilo de su pareja, captando su esencia sin coartar su libertad.

Afinidad

La combinación entre usted y la persona 5 puede, sin embargo, tener conflictos. Él o ella es independiente y no le gusta soltar la mano de la libertad, ni soporta sentirse amarrado, pero está muy amarrado. ¿Y ahora? Usted es sensible, prefiere el sosiego y no está preparado para enfrentar muchas turbulencias que este huracán puede traer a su vida. Calma, no se desanime. Entienda y haga ver a la persona 5 que uno puede complementar al otro. El 5 va a necesitar un freno cuando vaya demasiado rápido y usted, más contenido, necesita a alguien que le dé el empujón definitivo.

Renovación

En cualquier relación, es muy importante que con el transcurso del tiempo surjan nuevos estímulos. Usted, que es romántico y reservado, ¿quiere mantener una relación cálida con la persona 5, que es inquieta e independiente? Entonces realicen actividades en conjunto, pero nada de ir a lugares donde haya poca gente y sin mucha acción... ¡Calma, no necesitan dar saltos en paracaídas! Pero de navegar por un río o conocer un lugar excitante no se va a escapar. ¿Y qué tal realizar una actividad humanitaria, en la cual ustedes puedan sentir juntos cuánto pueden contribuir a construir un mundo más justo?

2 CON 6
USTED CON LA PERSONA 6

¡Cuántas sorpresas puede traer esta vida! Muchas dudas, decepciones y descontroles. ¿Quiere un consuelo? Usted no es el único que sufre con numerosa gente insensible que anda por ahí. De repente surge alguien afectuoso, amigo, compañero... ¿será posible? Puede pellizcarse, no es un sueño, no. ¡Es el 6!, el número de la armonía. Vanidoso, siempre anda impecable. ¡Atención con esa mancha en su camisa, pues él o ella la va a percibir! Póngase otra. Sincero y justo, su proyecto de vida es construir un hogar: casa, matrimonio, hijos; en fin, quiere una relación seria. Siente el amor con tanta profundidad como usted. Demasiado bueno, ¿no, 2? Mas no espere que todo sea exactamente del modo como usted quiere que sea, y tenga cuidado con lo que habla, pues su pareja es sensible.

Admiración

¡Usted es un hábil diplomático y apacigua con maestría cualquier conflicto! Amante de la paz, con mucho juego de cintura consigue armonizar las situaciones más embarazosas. Su capacidad para adaptarse a distintos ambientes le hace triunfar muchas veces. En ocasiones usted no da importancia a eso, pero puede tener la certeza de que es un don. Su relación con el 6 no debe ser difícil y fácilmente florecerá una admiración mutua. Él o ella es confiable, casero, valiente y tiene un gran sentido de la paz y la justicia. Solícita, esa persona adora ayudar a los otros. ¿Necesita más?

Modificación de actitudes

La actitud positiva ante la vida sólo trae beneficios; sin embargo, a veces usted es pasivo, tímido y dependiente, lo cual puede poner en riesgo la felicidad de una relación. El secreto está en acercarse lo más posible al punto de equilibrio. A la pareja 6 le gusta recibir de regreso todo el afecto que da. Intuitiva, no le gusta la gente titubeante. Juegue abierto con su 6 y la relación armoniosa podrá durar para siempre.

Afinidad

La combinación entre usted y la persona 6 es excelente. Su vocación para una convivencia familiar y afectuosa es compatible con el modo de ser de él o ella, que desea construir una relación sólida basada en la sinceridad y en la justicia. A la persona 6 sólo le interesa la verdad, de modo que no se dirija a ella dando muchos rodeos: es corta de vista. Pero cuide que no intervenga demasiado en su vida, pues cada uno debe tener sus momentos y sus ocupaciones individuales. Por otro lado, usted tendrá la oportunidad de manifestar su romanticismo, y su modo maleable y conciliador podrá hacer que esta relación funcione sin problemas.

Renovación

A pesar de que la afinidad entre ustedes sea muy grande, usted no debe confiarse nunca. Por el contrario, piense que la relación se puede transformar en una gran rutina y que la llama de aquella relación tan fuerte puede comenzar a traer conflictos y decepciones. Programe viajes a lugares glamorosos y actividades comunitarias o sociales, donde ambos puedan externar sus capacidades.

2 CON 7
USTED CON LA PERSONA 7

Pausa para la reflexión. Él o ella debe estar pensando acerca de todo lo que pasará a su regreso. ¿Quién sabe si no está ahora dentro de ese mundo infinito, lleno de energía psíquica y pleno de espiritualidad? Sabio, el 7 gusta de reflexionar profundamente en todo lo que ha aprendido y experimentado. Introspectiva, la persona 7 es impasible ante el tiempo y el espacio: nada perturba su silencio implacable en busca de respuestas que le conforten. Buena consejera, los secretos que usted le confíe serán guardados con seguridad. Y usted puede contar con esa pareja; pero no se engañe, porque el involucramiento ocurrirá con lentitud y usted, que es paciente y flexible, debe dar tiempo al tiempo… Llegará un momento que será adecuado para conquistar a la persona 7 y usted, que ya está con ella, lo sabe muy bien: todo tiene un momento justo para ser dicho o hecho, ¿no es así?

Admiración

La admiración es un requisito decisivo para el éxito de una relación. En lo tocante al 7, se trata de una búsqueda permanente, sobre todo en el caso de una persona tan introspectiva y reservada como ésta; pero en el fondo posee un espíritu humanitario y no tardará en apreciar su espíritu conciliador tipo 2 y su inmensa capacidad para acabar con las discordias. Usted también deberá entender que él o ella tiene su propio ritmo y que es capaz de dar buenos consejos, sinceros, de esos que valen una vida, pues sabe analizar y tiene gran fuerza mental.

Modificación de actitudes

Para conquistar y convivir con un 7, usted deberá tener mucha paciencia, pues él o ella vive en un ritmo distinto y no entra fácilmente en la frecuencia de otros: introspectiva, esta persona crea en torno a sí cierto misterio. A pesar de su espíritu pacífico y tolerante, su timidez tipo 2 podría traer muchas dificultades: procure romper ese bloqueo, actuando con mayor firmeza y decisión con vistas a conquistar su confianza y, así, hacer que se abra más con usted.

Afinidad

Es una relación que necesita ser trabajada, pues exige paciencia y dedicación. Ustedes pueden desarrollar un fuerte compañerismo en el plano espiritual. La convivencia con otras personas es una necesidad para usted, pero un problema para el 7. Usted debe comprender la necesidad de aislamiento y reflexión de su pareja y al mismo tiempo debe colaborar con nuevas ideas, llenas de sensibilidad y espiritualidad. El 7, con su capacidad de análisis, le ayudará a entender el mundo y a elegir el camino adecuado.

Renovación

Para una relación que ya existe, la renovación es decisiva para parejas como el 2 y el 7, pues la monotonía excesiva puede desgastar todo lo que ha sido construido. Por lo tanto, procure realizar actividades comunes que agraden a su 7 y al mismo tiempo los pongan en la misma sintonía. Hagan viajes a lugares donde haya contacto con la naturaleza, inscríbanse a un curso sobre un tema que interese a ambos, o hagan una actividad con fines humanitarios: a su pareja le va a gustar.

2 CON 8
USTED CON LA PERSONA 8

Son dos personas que pueden caminar en la misma dirección sin grandes atropellos. La persona 8 puede ser el engrane que le falta y usted el complemento ideal para él o ella. El 8 es confiado y parte rumbo a un objetivo definido previamente. Confía en sus pasos sin recelos, pues pisa sobre bases sólidas, fruto de una planeación eficiente de todas las acciones. Usted es el lado de la conciliación: hace acuerdos, media conflictos y es capaz de mantener la armonía en una relación afectiva. Usted proporciona el calor necesario para mantenerla a buena temperatura. Esté atento a la tendencia controladora de la persona 8 y a su ambición, que a veces puede colocarle a usted en un segundo plano.

Admiración

La admiración es siempre el motor que estimula una relación afectiva. En una relación con un 8, usted tiene todo lo necesario para despertar su interés y su admiración y quien va a amenizar o incluso a resolver los eventuales conflictos, y es usted quien va a dar un toque de romanticismo a esta relación. Haga que la persona 8 perciba su modo afectuoso y diplomático de ser. Él o ella necesita a una persona amiga y maleable. Usted apreciará el espíritu de liderazgo, la persistencia y la fuerza del 8, atributos que a usted le faltan.

Modificación de actitudes

El pensamiento positivo es sin duda capaz de mover montañas y de propiciar un salto en su vida. Por otro lado, si usted cae ante los aspectos negativos de su personalidad, que a veces pueden manifestarse, tendrá dificultades para lidiar con la persona 8, la cual no aprecia ni siquiera un poco a las personas inseguras. Sabe lo que quiere y procura canalizar gran parte de sus energías para alcanzar sus objetivos, en especial los materiales. Usted deberá buscar el punto de equilibrio para esta relación, adoptando una actitud más firme y constructiva.

Afinidad

Ustedes tienen personalidades que encajan: uno tiene lo que al otro le falta. La persona 8, con su pensamiento analítico, puede construir una carrera muy exitosa. Perseverante y decidida, es sin embargo muy inflexible, por lo cual necesita una pareja más maleable que le ayude a superar dificultades inesperadas. Por otro lado, la ambición del 8 es saludable y usted carece de ella. Y, en caso de que falte afecto en su 8, tenga paciencia, pues esa persona puede ser dura, pero acabará cediendo.

Renovación

No deje que la rutina diaria enfríe su relación. Es importante que usted siempre aporte un toque de novedad a la vida en común. Usted, romántico, puede cansarse de la vida monótona que el 8 puede imponer a su relación. Usted es un poco desapegado y necesita mostrar que existe: procure realizar actividades que permitan que ambos se involucren, fuera de la rutina del trabajo y de los quehaceres del hogar. Un curso de danza o un viaje romántico (no puede ser postergado…) pueden dar un nuevo cariz a sus vidas.

2 CON 9
USTED CON LA PERSONA 9

El 9 transpira bondad. Cuando ve a alguien en dificultades o sabe de una historia triste, es capaz hasta de llorar y no escatima esfuerzos en pro del prójimo. La persona 9 es sabia, pues acumula una gran experiencia. Creativa, de su mente privilegiada brotan siempre nuevas ideas. Y usted, sensible y romántico, encontrará en esta pareja un terreno fértil para una relación hermosa, llena de mucha comprensión y afecto. Emotivos, ustedes generalmente son motivados por los mismos ideales, destacándose en las causas humanitarias. A pesar de que usted tiende a darse sólo a su pareja y ésta se da a usted y al mundo, los conflictos pueden ser controlados sin mayores problemas. Invierta en esta relación, pues la sinergia puede ser muy grande.

Admiración

No será difícil despertar el interés y mantener encendida la llama de la admiración en la relación del 2 y el 9. La sensibilidad y el afecto, comunes a ambos, harán que aprecien cada conquista, cada triunfo del otro, por más simples que sean. Una vibración muy fuerte va a permear la vida conjunta de esta pareja. Usted va a envolver a la persona 9 con su espíritu pacífico, que ya le propició innumerables logros en varios campos; a su vez, el 9 le conquistará y le mantendrá siempre ligado a él o a ella, con su capacidad para captar sus emociones y sus deseos.

Modificación de actitudes

Usted, 2, puede manifestar a veces la inseguridad, la timidez y la pasividad, lo cual, al inicio o en una relación consolidada, puede tener consecuencias devastadoras, incluso cuando usted tenga a su lado a una persona que se identifique con los demás tanto como usted, como es el 9. Dado que la dedicación de su pareja a otras personas puede generar celos, procure contemplar la postura del 9 como algo edificante, entendiendo que en un plano afectivo más intenso sólo hay espacio para usted.

Afinidad

Es lo que no le falta a este par. Ambos son afectuosos y les gusta dar y contribuir a un objetivo común. Cuando la actividad fuese una causa humanitaria, entonces la afinidad estaría aún más presente. Asimismo, ustedes tienen personalidades complementarias en varios puntos: uniendo la sabiduría, la capacidad de premonición y la imaginación de la persona 9, con la comprensión, intuición y sensibilidad de la 2, llegarán al éxito común y podrán desarrollar un gran sentido de amistad, en el que vivirán uno para el otro.

Renovación

Debido a la gran afinidad y complementariedad de esta relación, siempre habrá espacio para la renovación. Ustedes cultivarán siempre lo que hagan juntos. Como son románticos, en caso de que sienta que la rutina toca un poco a la puerta, no deje de darse una escapada con su 9 a un lugar distinto, donde puedan cultivarse profundamente, recordar viejos tiempos, dar unas buenas risotadas y bendecir todavía más esta relación.

2 CON 11
USTED CON LA PERSONA 11

A usted le gustan las personas que destacan y que trabajan en busca de grandes logros, que puedan hacer contribuciones importantes para la Humanidad o para la comunidad donde viven. El 11 es un número maestro: enseña y abre caminos para todos. Usted, más paciente que su pareja, puede ayudar a contenerle cuando su fuerte energía se manifieste de manera agresiva. Él o ella tendrá en usted a una persona que le dará apoyo y que no entrará en un clima de competencia. En esta combinación de incentivo y espíritu de conciliación, usted y la persona 11 pueden formar una pareja con excelente compatibilidad, construyendo una relación de intercambio y enriquecimiento mutuos.

Admiración

Usted aprecia a las personas como el 11, atrevidas y orientadas a grandes causas y proyectos fantásticos. Él o ella hace un bello "barullo" en sus actividades: usted da el apoyo que su pareja necesita, y se enorgullece de sus realizaciones. Pero esta admiración no deberá quedar en una única vía, sino que la persona 11 deberá valorar de igual modo su buen sentido y su espíritu pacífico, que serán fundamentales para calmarla en los momentos más tensos.

Modificación de actitudes

El brillo de los reflectores hacia su pareja puede incomodarle. Usted, que es muy recatado, muchas veces puede sentirse apocado ante la grandiosidad de las actividades en que el 11 se involucra, lo cual generará ciertas dificultades para la convivencia con una persona con esa vibración. Usted necesita ser más desinhibido; en caso contrario, un gran desequilibrio se apoderará de una relación que tiene un potencial excelente. Procure dejar fluir sus deseos: embárquese en el mundo del 11 y controle sólo lo necesario para que su pareja no tenga sueños intangibles.

Afinidad

La compatibilidad entre ustedes es muy buena; sin embargo, su pareja tiende a nunca estar contenta con lo que tiene. El 11 sueña con el puesto del director. Al conquistarlo, comenzará a pensar de inmediato en su próximo paso: ¡ser el presidente mundial de la empresa! Su misión en esta relación es hacer que su 11 descubra que en todo hay un límite y que la felicidad está a su lado. Usted tiene la paciencia y la diplomacia suficientes para asegurar la reducción de esa ansiedad y hacerle respirar profundo y sentir el placer de vivir el momento presente.

Renovación

Relájese, pues la renovación y la búsqueda de un entendimiento continuo entre ustedes dependen de esta palabra clave. El alto voltaje que caracteriza el quehacer cotidiano de la persona 11 hace que ésta se desgaste mucho, y hasta la relación con alguien flexible como usted puede correr peligro. Es tiempo de salir de las agitaciones y exigencias de ese ritmo de vida alucinante que impone el 11. Es tiempo de dar importancia a las pequeñas cosas y a los valores más simples de la vida, como la conversación juntos frente a la orilla de un lago, en contacto con la naturaleza.

Características positivas
espíritu comunicativo
optimismo – sociabilidad
creatividad – jovialidad
extroversión

Características negativas
que pueden experimentarse
exageración – dispersión
espíritu acomodaticio
inmadurez
superficialidad
tendencia a ostentar
falta de practicidad

Usted es alegría. Como la flor, esparce encanto y es un optimista a quien le gusta apreciar todo lo que la vida ofrece. No se deja abatir por las dificultades y, aun en los momentos más difíciles, siempre encuentra el lado positivo.

Su vida amorosa tiende a estar rebosante de experiencias. Sociable, usted conocerá a mucha gente y difícilmente estará solo. Pero si no quiere ser visto como una persona a quien no le gustan los compromisos, procure llevar su relación afectiva de forma más seria.

En la convivencia con una pareja, sea cual fuese la vibración de sus números, usted debe buscar su propio equilibrio interior, evitando el espíritu crítico exacerbado y los celos; asimismo, procure concentrar más su energía y descubrir su propósito en la vida. De esa forma, tendrá un pensamiento más positivo, con vistas a construir una relación armónica.

LAS FRAGANCIAS DEL NÚMERO 3
Auxiliares para su consagración
a una relación duradera y llena de pasión

Para tener más armonía en su relación, la persona 3 necesita dar un sentido de realidad a su vida afectiva, asumiendo compromisos y responsabilidades. A partir de estudios acerca del efecto emocional que los aromas y los aceites esenciales provocan en las personas, identificamos que alguien que tenga la vibración del número 3 debe usar, de preferencia, fragancias que tengan la esencia del romero, que ayuda a aclarar la mente, o fragancias que posean la acción del limón, que estimula la concentración.

Romero, *Rosmarinus officinalis, L.* (fam. *Labiadas*)
En las costas de Túnez, al norte de África, en las tierras azotadas por la pasión del viento español, desde los tiempos medievales, el romero ha hecho historia. En el siglo VI, Carlomagno ordenó que fuese plantado en todos los jardines del Franco Imperio. En tiempos remotos, los médicos árabes decían que esta hierba generaba claridad en las ideas y que el romero expulsaba a los malos espíritus.

Vigorizantes, las ramas de romero son un agente de Dios, un fiel soldado que lucha contra la desatención y la falta de compromiso en una relación: provoca que las personas estén más "ligadas", haciéndoles ver una sonrisa en medio de la multitud y permitiendo que encuentren el camino hacia una relación más seria.

Limón, *Citrus médica L.*, subespecie *Limonum risso* (fam. *Rutáceas*)
¿Cuántos amores no se pierden, cuántas uniones felices dejan de existir por la falta de percepción de los corazones confundidos? Giovanni despierta, en el periodo de cosecha, todos los días a las cinco de la mañana. En sus manos tiene dos utensilios rudimentarios: un cuchillo y un balde. Al extraer la corteza del limonero, en las tierras más cálidas del sur de Italia, hace más que sólo realizar una simple actividad en su trabajo de campesino: capta un encanto de la naturaleza… El limón generará un aroma que despertará a los amantes desatentos y propiciará bellas historias de amor.

3 CON 1
USTED CON LA PERSONA 1

Usted, 3, tiene pasión por una vida social intensa y no soporta la soledad. Se siente feliz cuando está rodeado de varias personas, a la vez que adora a los niños y a los animales. Su magnetismo atrae a todos y en realidad esa fascinación que usted ejerce puso a una persona 1 en su camino. Por naturaleza, él o ella no gusta de dividir su atención y ahí pueden comenzar los problemas. Es posible que un clima de competencia y celos se apodere también de esta relación. A su pareja le gusta la independencia y prefiere resolver todo sola, sin dar muchas explicaciones. Su desafío, 3, es mostrarle la importancia de vivir en grupo y de construir un proyecto común, en el cual todas las personas son importantes y si una falta, por más simple que sea, el proyecto podrá obstruirse. Fértil en ideas y muy determinada, la persona 1 es un diamante que debe ser pulido y que puede combinar muy bien con usted, generando una relación excitante y exitosa en todos los aspectos.

Admiración

Fascinación. En la relación entre el 1 y el 3, la valoración de la pareja debe superar el clima de rivalidad. Usted apreciará en el 1 su determinación y su espíritu de liderazgo, que le hacen enfrentarse a cualquier dificultad confiando en su capacidad para tomar las decisiones adecuadas. Él o ella deberá valorarle a usted por su jovialidad y por su capacidad innovadora. Cuando este intercambio tenga lugar en la relación, ustedes vivirán una pasión ardiente, con una alegría que contagiará a todos.

Modificación de actitudes

Usted es un artista nato y tiene necesidad de ser visto y admirado. Al 1 también le gusta ser el centro de atención, es decidido y goza de un pensamiento ágil. Su pareja no tolera muchos excesos y usted, envuelto en los placeres de una vida social intensa, puede perder todo sentido de objetividad y ocasionar su furia. Procure cambiar su actitud, estableciendo metas y asumiendo compromisos. Aprenda con su pareja a tener mayor sentido de responsabilidad y muéstrele el lado placentero de la vida. Seguramente, la relación entre ambos va a avivarse.

Afinidad

El poder de transformación del 1 con las ideas originales del 3 propician un excelente ensamble. Ambos son creativos y les gusta expresar sus ideas. Están siempre listos a hacer algo que tenga movimiento, acción. Él o ella estará siempre germinando muchas ideas y podrá dar mayor sentido a la vida de usted, ayudándole a canalizar mejor sus energías. Usted estará al lado de una persona decidida y sincera, que con seguridad le hará feliz.

Renovación

Respete su libertad y deje que el 1 tenga sus escapadas. Él o ella precisa tener sus propios momentos, por lo cual nunca lo asfixie. Si a veces es brusco con usted, no le dé mucha importancia, pues ni siquiera se da cuenta de lo que hace. Procure realizar actividades en las que ustedes puedan tener más convivencia. Ambos aprecian el cine, el teatro y la buena música. Practiquen deportes y actividades en las que puedan estar juntos en el mismo equipo, si es posible, y recuerde que el 1 debe ser el capitán. Anden por el mundo en busca de aventuras y emociones, y esta relación será excitante.

3 CON 2
USTED CON LA PERSONA 2

En las paredes, letreros con declaraciones de amor. En el aire, un aroma irresistible de rosas. Una música suave y envolvente crea un clima romántico… ¡es una fiesta para ustedes dos! Diplomática, la pareja 2 tiene la habilidad de negociar y resolver conflictos; sin embargo, le gusta participar en eventos y recepciones, sin necesidad de ser la estrella. El 2 es sensato y actúa en forma serena, pero usted, exagerado, puede molestarle y su exposición excesiva puede despertar sus celos. Es preciso llegar a un acuerdo, pues nadie puede anular la esencia, o sea, cambiar la personalidad del otro. Hay que encontrar un punto de equilibrio. La persona 2 es paciente y compañera y puede ayudar a dar más sentido a la vida de una persona 3. Usted le proporcionará una dimensión importante, en la que él o ella pueda desinhibirse e iniciar nuevas perspectivas de vida.

Admiración

La persona 2 deberá apreciar su espíritu comunicativo, su optimismo y su contagiosa alegría. Seguramente, ella valorará su buen humor, siempre que usted no se vuelva inoportuno. El 2 es la audiencia perfecta para un *showman* como usted. Aprecie su espíritu conciliador y su sentido de justicia, a la vez que repare en todo aquello que él o ella ha construido por actuar de manera tan moderada y responsable. Usted descubrirá una senda repleta de compañerismo y dedicación mutuos, ingredientes fundamentales para que una relación tenga éxito.

Modificación de actitudes

Muchas veces usted tiende a ser superficial y desprovisto de sentido práctico. Su interacción con muchas personas y su inestabilidad pueden hacer que el 2 se asuste o se retraiga. El secreto de una relación exitosa está en encontrar el punto de equilibrio, para lo cual es preciso tener un pensamiento constructivo: procure cambiar su actitud, escuchando más a su pareja y apreciando lo que ella dice y hace.

Afinidad

Los conflictos que pueden surgir en una relación entre una persona más recatada como el 2 y otra expansiva y extrovertida como usted son casi irrelevantes ante el enorme potencial de esta combinación. Con un poco de paciencia, él o ella va a rendirse a su mundo agitado y estará encantado con su modo de ser, capaz de brillar como un sol y dar siempre una inyección de ánimo. Ustedes disfrutan de una buena compañía: aproveche esa afinidad, aceptando sus reflexiones y valorando la importancia de una relación más seria en la que ambos aprendan constantemente.

Renovación

Ustedes tienden a apasionarse con facilidad y podrían tener dificultades para llevar una convivencia pacífica y llena de armonía. Son dos personas sensibles y procuran encontrar una salida a sus diferencias; sin embargo, no deje de buscar alguna actividad en la que ambos estén más tiempo solos. Ustedes tienen millones de ideas extraordinarias: ¿qué tal si estrechan esta relación? Un viaje con un destino que los haga sentir que están en luna de miel es más indicado que una excursión en grupo. ¡Buen viaje!

3 CON 3
USTED CON LA PERSONA 3

¡Fiesta a la vista! ¡Mucha alegría! ¡Juventud! Todos se divierten con su original sentido del humor. Su optimismo contagia todos los ambientes por donde pasa. Esta expansividad permite que conozca a mucha gente, haga bastantes amigos y encuentre a alguien… otro 3. ¡Más fiesta! Las oportunidades de que usted se haya cruzado con una persona 3 en un "antro" son considerables. Ustedes son dos ciudadanos de la noche o de día si hubiera alguna reunión o convivio. No importa: lluvioso o soleado, para este par no hay mal tiempo: optimistas inveterados, siempre encuentran el lado bueno de la vida, mas no todo es un lecho de rosas, 3. Finalmente, la vida no sólo es fiesta y una relación necesita mucho más que eso. Es preciso llevar este asunto más en serio y no dejarse atrapar por la superficialidad de la mayoría de sus relaciones. ¡El amor es asunto serio!

Admiración

Admirar a alguien que a usted le gusta y despertar su interés por usted son factores decisivos para que una relación exista y se perpetúe. Ustedes dos deben admirar el lado extrovertido del otro, su entusiasmo, su sociabilidad, su optimismo, sus triunfos, y los hechos propios de este alegre modo de ser. El buen humor también es una marca registrada de este par. La inagotable creatividad del 3, asociada a su capacidad de expresión oral y escrita, ha rendido frutos a lo largo de su vida y podrá acercar, consolidar y mantener viva esta relación.

Modificación de actitudes

Usted puede experimentar las manifestaciones negativas características de una persona 3, como la falta de espíritu práctico y objetivo, así como la superficialidad y la futilidad. Sus planes no siempre se concretan y a veces ni siquiera son llevados a la práctica. Este modo de ser no es el adecuado para llevar una relación seria. Es preciso cambiar su actitud: comience a trazar objetivos y procure seguirlos. Actuando así, poco a poco su pareja, a quien tampoco le gusta asumir compromisos, entrará en la misma órbita que usted.

Afinidad

Ustedes tienen un espíritu joven, alegre y despreocupado y disfrutan tanto de una velada como de una parrillada o de un evento deportivo. Es importante que puedan dar paso a su lado social. En esas ocasiones ustedes se sienten a gusto, haciendo nuevas amistades. Ambos aprecian en alto grado la libertad y la diversión en general, lo cual puede generar celos y conflictos.

Eviten ser exagerados y no dramaticen todo lo que ven, así como no participen en actividades superfluas, sin alcanzar una realización efectiva.

Renovación

Para una pareja que está unida en todo lo que es festivo y donde haya mucha gente alrededor, es fundamental encontrar un tiempo para estar a solas. Procure con frecuencia, 3, organizar un viaje en el que ambos tengan más tiempo para dedicarse uno al otro. En las expresiones artísticas, ustedes desarrollarán un ámbito más apropiado, donde podrán estar juntos y más unidos. ¡Conéctese a su pareja y desconecte el teléfono!

3 CON 4
USTED CON LA PERSONA 4

¿Una persona 4 en una fiesta? Tal vez sea el aniversario de la compañía. Serio y compenetrado en su carrera, el 4 es muy reacio a asomarse a los encantos de la noche, del día o de todo lo que sea festivo y que no esté relacionado con el trabajo. ¿Taller o simposio? Ahí sí, para él o ella es lo máximo; pero no se ponga triste. Esa persona sólida, de rígidos conceptos, que planea sus pasos con destreza y eficiencia va a acabar abriendo sus puertas para que usted le invada con su buen humor y su optimismo contagiosos. Sistemática e imbuida de un espíritu práctico único, en el fondo la persona 4 necesita un toque especial en su vida. Y usted puede aportar este encanto a la trayectoria espartana de su pareja. Cuando menos lo espere, él o ella estará riendo a carcajadas, conquistado por usted.

Admiración

Despertar la admiración entre dos personas diferentes no es muy difícil. Usted es optimista, alegre y comunicativo, lo cual seguramente ya le dio algunos frutos, y el 4 sabrá que ése es un don inapreciable. Por otro lado, él o ella tiene la objetividad, el sentido práctico y la capacidad de organización que a usted le hace falta. Esto propiciará que puedan ayudarse y mantendrá encendido un sentimiento de respeto y orgullo por los logros mutuos.

Modificación de actitudes

La actitud positiva ante la vida sólo genera beneficios a cualquier persona y usted, 3, que es alegre, extrovertido y —por encima de todo— optimista, siempre actúa con maestría; pero la relación con una persona 4 exigirá un cambio de postura, hasta que usted logre conquistarle. De ahí en adelante, usted podrá conducir. A veces, usted podrá experimentar los aspectos negativos del 3, es decir, falta de claridad en las ideas y futilidad. Procure enfocar su vida en objetivos claros, hable más seriamente y no deje que su pareja asuma todas las responsabilidades de la relación.

Afinidad

La convivencia de una persona 3 con una 4 no es de las más fáciles. Ustedes tienen posturas que divergen una de la otra. Usted considera al 4 muy rígido, "restringido" y "sabelotodo", pero usted no tiene los pies en la tierra y necesita planear más su vida, dándole un sentido más práctico. En este aspecto, puede contar con el 4; en dicho ámbito, él o ella es invencible. Ustedes deben aprender a descubrir sus límites, ayudándose uno al otro: usted asumiendo compromisos y relajándose un poco más. Y ni siquiera piense en llegar retrasado a un encuentro con el 4...

Renovación

Toda relación necesita la renovación. De vez en cuando, la pareja debe planear (¡huy, esta palabra excita a la persona 4!) una actividad nueva en la que ambos den un nuevo aire a sus vidas y, consecuentemente, a la relación.

Ponga mucho de su parte en esta relación con su modo alegre y no deje que el 4 parezca su padre o su madre.

3 CON 5
USTED CON LA PERSONA 5

Un encuentro cargado de armonía: usted y esta pareja pueden identificarse rápidamente y generar una relación ardiente, con muchos frutos, producción de buenas ideas y un movimiento constante. Sus atenciones dirigidas a la persona 5 serán respondidas pronto, posibilitando el desarrollo de un fuerte vínculo sentimental. Usted, extrovertido y optimista, y esta persona, que posee tanto un envolvente magnetismo como mucha sensualidad, podrán tener una poderosa atracción y vivir una gran pasión; sin embargo, esta unión corre el riesgo de ser inestable y de tener una corta duración, en caso de que usted no logre controlar sus reacciones impulsivas y las decisiones precipitadas que caracterizan a ambos.

Admiración

Ciertamente, la fuerte atracción que uno ejerce sobre el otro propiciará una buena dosis de admiración, factor indispensable para llevar una relación saludable. La pareja 5 apreciará sus ideas brillantes, su jovialidad y el desprendimiento con que circula usted en el medio social, donde logra conquistar la simpatía de todos. Usted se verá atraído por la sensualidad y originalidad del 5, así como por la inagotable energía y audacia de su compañero. El 5 adora superar objetivos, aprende con facilidad y podrá ayudarle a poner en práctica todo lo que usted cree.

Modificación de actitudes

Hablar de pensamiento positivo para una persona 3 es ser redundante. Usted es optimista por naturaleza: nada puede desanimarle al punto de causar que desista de una empresa, mucho menos de vivir. No obstante, en esta relación ambos pueden carecer de objetivos y responsabilidades, poniendo muchas veces la diversión y la falta de compromiso en primer lugar. Usted debe cambiar su actitud y, aprovechando la voluntad de progresar de su pareja, procure aclarar su horizonte y trazar un camino a seguir… con ella.

Afinidad

Es precisamente lo que no falta entre usted y el 5. Ambos son sociables, expansivos y adoran las novedades, a la vez que poseen una mente fértil y se complementan a la hora de implementar un proyecto, pues el 5 es poco convencional y más atrevido que usted. Su habilidad en los momentos más delicados puede ser decisiva. Incluso en los negocios comunes, las oportunidades de éxito son grandes; sin embargo, deben estar conscientes de las consecuencias de sus acciones, teniendo cuidado principalmente para que no tomen decisiones sin pensar, porque arriesgarían todo lo que hayan construido en conjunto.

Renovación

En una relación ardiente como ésta, la renovación más bien tiende a no faltar. La persona 5 es impaciente e impulsiva y no le gusta la rutina. Cuando usted sienta que él o ella comienza a sentirse aburrido con lo cotidiano, hágale una invitación sorpresa para un viaje del tipo que a su pareja le gusta, con mucha aventura y emoción (¡calma, no necesita llegar a la exageración de querer escalar una cascada!).

3 CON 6
USTED CON LA PERSONA 6

Estar rodeado de personas es para usted una cuestión de supervivencia, ¿no, 3? La persona 6 también cultiva este tipo de vida, y esté atento, pues ella puede encontrarse cerca y usted no darse cuenta. Ustedes dos forman un par excelente, aprecian todo lo que es bello y se identifican con casi todas las manifestaciones artísticas. La persona 6 tiene una gran vocación para construir una relación sólida: sueña con tener una casa, con casarse, formar una familia y, ciertamente, con hijos. Y cuando llega hasta donde quiere, lucha con denuedo para mantenerse ahí. Usted, con su optimismo, buen humor e innegable extroversión, estará presente en todos los rincones de la casa y de la vida de la persona 6.

Admiración

Su relación con el 6 está imbuida de mucha admiración. Él o ella aprecia su sociabilidad y su notable capacidad para expresarse. Se divierte mucho con las historias que usted cuenta como nadie, agregando siempre una buena dosis de humor. El 6 representa un puerto en aguas tranquilas para el 3: casa, comida y ropa limpia; más que eso: una vida en común estable, llena de afecto, así como una incomparable capacidad para mantener todo hermoso y en armonía. Vanidoso, el 6 adora que se elogie su ropa, su auto, sus triunfos, en fin, ¡todo aquello que hace con gusto para usted!

Modificación de actitudes

Nuestra mente es poderosa, y una actitud de optimismo ante la vida y las personas que nos rodean rendirá muchos frutos. Usted, que es entusiasta y tiene un pensamiento positivo, no tendrá mucha dificultad en armonizarse. La pareja 6 desea compromisos serios y usted deberá disminuir las bromas y actuar de manera más clara en esta relación. Procure asumir más responsabilidades, transmitiendo más confianza a su 6. La relación estará más equilibrada, dando más sentido a la vida en común.

Afinidad

Ustedes forman una buena combinación, obtienen placer del hecho de estar juntos y cultivan la amistad, la comprensión y el amor. El buen sentido de la persona 6 le da seguridad y usted colabora siempre al dar energía a su pareja. Esta relación tiene un gran potencial para la construcción de una familia sólida e incluso para el éxito en los negocios. El 6 adora recibir visitas y mostrar su vanidad. Una exposición de cuadros, una buena música y una película interesante: la belleza y el arte los unen todavía más.

Renovación

Como en todas las relaciones y en todo lo que hacemos, siempre existe la necesidad de renovación: es preciso evitar que lo cotidiano se apodere de esta unión y los asfixie. Procure dar atención y afecto a su pareja. Esta persona 6 aprecia mucho un viaje romántico, una actividad nueva que los una: una casa en la playa, un curso de baile o de cocina. ¡Por cierto, en lo tocante a la cocina, el buen gusto debe imperar siempre!

3 CON 7
USTED CON LA PERSONA 7

Su pareja vive en un mundo infinito e introspectivo. Usted va a tener que esforzarse para entrar en las profundidades de este ser que no deja de pensar… Inicialmente, ustedes se atraen en forma mutua por la curiosidad, por sus temperamentos diferentes. Para usted, que es expansivo y adora la agitación, no va a ser fácil, pero no se va a arrepentir: esta persona podrá ayudarle a entender mejor lo que pasa dentro de usted. Ella estimulará su autoconocimiento y colaborará con él, y poco a poco usted despertará al mundo exterior. Polos opuestos se atraen, lo cual puede ser el camino para llevar una relación saludable, de eterno aprendizaje mutuo.

Admiración

Tenga siempre en mente que cada persona tiene su ritmo, su tiempo. Para que haya éxito en una relación con una persona 7, entender y practicar eso es fundamental. Usted deberá apreciar la percepción y la espiritualidad de su compañero, pues ésta abre una nueva perspectiva para quienes están a su alrededor. Su intuición y su sabiduría contribuirán a que usted encuentre su camino sin desperdiciar mucha energía. Y usted dará al 7 el pasaporte a un mundo nuevo, lleno de vida.

Modificación de actitudes

Usted tiene una actitud positiva ante la vida, encara las adversidades con tranquilidad y tiene disposición de sobra para superarlas. Llega casi a ser redundante abordar este punto; sin embargo, no se engañe. La relación con alguien del 7 puede presentar momentos difíciles, y la conquista definitiva de esta persona requiere paciencia. Para que usted tenga una relación más equilibrada, adopte una postura más seria cuando se trate de sentimientos: el 7 quiere sentir seguridad en la relación y necesita tener sus momentos a solas, volcado en sus pensamientos.

Afinidad

Usted adora estar rodeado de mucha gente, mientras que él o ella es más selectivo y tiene pocos amigos. Usted disfruta de la acción y él o ella del sosiego. Antes que nada, es preciso que uno entienda la forma de ser del otro, pues ambos son diametralmente opuestos. La combinación de una persona 3 con una 7 debe estar más enfocada a la complementación que a la comunión de temperamentos. El 7 piensa, analiza, da consejos preciosos y guarda los secretos como nadie. Usted es vibrante y sociable y puede abrir nuevos horizontes para que esta unión prospere.

Renovación

Usted no puede incomodarse o ni dejar que las cosas avancen demasiado; en caso contrario, cuando se dé cuenta, verá que la relación se ha deteriorado tanto que será difícil salvarla. En este sentido, usted debe trabajar para que ambos revigoricen la relación con actividades conjuntas o incluso individuales, pero que refuercen la unión. Participen en eventos culturales y hagan un viaje a un lugar donde puedan estar en contacto con la naturaleza y hablar de ustedes, y no sólo de asuntos superficiales.

3 CON 8
USTED CON LA PERSONA 8

No intente contestar. Ustedes tienen personalidades muy diferentes, pero no es el fin del mundo: su inagotable creatividad y su sociabilidad sin par pueden encajar perfectamente en la vida sistemática del 8, quien, ambicioso por naturaleza, podrá darle a usted una vida con gran prosperidad material. Y usted contribuirá a eso. Pero ¿qué es lo esencial? Sí, el lado afectivo. ¿No será que el 8, concentrado en el progreso profesional y financiero, y usted, acostumbrado a una vida social intensa, se estarán olvidando de la verdadera base del éxito… y de la felicidad? Usted deberá esforzarse y tener paciencia con el estilo muchas veces dictatorial e impaciente de su pareja. Su misión es hacerle ver que el dinero es sólo un medio y que la finalidad real de nuestra existencia es vivir cada momento intensamente. Valdrá la pena, pues, una vez superadas las dificultades, que ustedes formen una unión enfocada a la conquista de objetivos más nobles, y no meramente materiales.

Admiración

Las diferencias pueden valorarse, generando un vínculo resistente y duradero. Tome nota del lado positivo de la persona 8: su pensamiento analítico, su capacidad de organizar y planear todas las actividades importantes para el bienestar de una pareja. Pero para conquistarle, usted deberá demostrar que el camino será mucho más fácil y placentero en compañía de alguien como usted, alegre, sociable y extrovertido. Él o ella no va a resistirse a su buen humor y poco a poco le hará espacio a usted.

Modificación de actitudes

Usted, que no se deja abatir por las dificultades, necesitará mucha paciencia en la relación con su 8. Inflexibilidad, estilo "mandón", e intolerancia a los errores, propios y ajenos: éstas son las murallas de una rica fortaleza por ser conquistada. Su pareja tiende muchas veces a considerarle banal e inmaduro. Procure poner más objetividad y seriedad en su vida, y conseguirá transformar este reducto inexpugnable en un castillo iluminado por su gran alegría de vivir.

Afinidad

La diferencia de personalidad entre usted y su pareja 8 es visible, lo cual no constituye el fin del mundo, sino su comienzo o, mejor, el inicio del mundo que ustedes pueden formar. Sí, porque existe una extraordinaria complementariedad entre usted y el 8. Él o ella da un sentido práctico y objetivo a su vida, mientras que usted aporta a la relación un toque de diversión y una vida social activa, de la cual el 8 prescinde, a pesar de que al principio no quiera admitirlo. No permita que su pareja tome las riendas de su vida y poco a poco demuéstrele la fortaleza de un camino basado en el compañerismo. Ahí sí, en esa comunión de estilos, ustedes podrán construir una unión excitante.

Renovación

En esta relación, la novedad es un combustible que no puede faltar. Debe haber un toque de clase. Usted deberá propiciar que ambos inicien una actividad nueva que los aleje del quehacer cotidiano. A los dos les gusta invertir en sus imágenes personales: un viaje minuciosamente preparado, o un evento social bien planeado por ese eficiente 8, en fin, algo que les haga respirar otros aires y alimente sus egos. Pero no se olvide de tener su propia vida: inscríbase a cursos, exprese su talento artístico, reanime su vida profesional y jamás se aparte de los amigos.

3 CON 9
USTED CON LA PERSONA 9

Para usted nunca hay tiempo borrascoso, es decir, usted afronta siempre las dificultades con tranquilidad y optimismo. ¿Cierto? ¡Equivocado! Por lo menos, hasta que encuentre a una persona 9. ¿Problemas a la vista? Sí, pero de aquellos que conviene tener: la relación con esta pareja tiende a ser mucho más cálida. Su entusiasmo, su alegría, su optimismo, su espíritu festivo, irán a vaciarse en un mar, lleno de amor para dar. Esta comunión de entusiasmo por la vida y este interés por las personas generan una unión difícil de ser destruida. Mas esta alta temperatura deberá ser dosificada en ocasiones, para que toda la energía que está en el entorno no irrite los ánimos y cause peleas innecesarias.

Admiración

En una relación entre usted y el 9 podrá haber una atracción mutua. Usted es creativo, alegre, optimista y abre puertas a los demás, como para este 9. Él o ella tiene compasión, amor al prójimo y mucha intuición incrementada por su enorme capacidad de poner en práctica sus conocimientos. Usted aprecia el interés que el 9 da a su vida al atraer amigos excéntricos y fascinantes.

Modificación de actitudes

Usted acostumbra levantarse rápidamente de los tropiezos que acaso surgen a lo largo de su camino. La convivencia con una persona 9 tiende a ser un poco sinuosa y dará a ambos una vida afectiva muy rica; sin embargo, a veces usted puede parecer superficial y extravagante, lo cual dificulta su relación con una persona más centrada en sus ideales. Como el 9, procure llevar la relación con más seriedad, comprendiendo los ideales de su pareja y adoptando una postura más solícita en relación con los menos favorecidos.

Afinidad

Ustedes se comprenden y tienen mucho amor para intercambiar. El interés por las personas y por la convivencia social es común a los dos. Su originalidad puede dar una nueva luz, orientando los caminos del 9. La sabiduría y el amor al prójimo de su pareja son contagiosos; la habilidad y necesidad del 3 de expresarse en público se afina con la visión comunitaria del 9. Usted deberá concientizarle para que no se dedique demasiado a sus grandiosas obras y se olvide de sí mismo, de usted y de la familia. Su destreza y flexibilidad, 3, permitirá que tengan una vida más balanceada.

Renovación

Su relación con una persona 9 es cálida, por lo cual a veces esta temperatura puede subir demasiado en direcciones no deseables y generar peleas, discusiones y resentimientos. No hagan un drama de sus problemas. Es hora de relajarse, cambiar de aires y reflexionar acerca de ustedes dos, dando salida a sus dones artísticos y evitando los lugares repletos de amigos "potenciales", ¿no, 3?

3 CON 11
USTED CON LA PERSONA 11

Su optimismo y su alegría de vivir serán puestos a prueba en su relación con una persona que tenga la vibración del número 11. El temperamen-

to nervioso de su pareja hace que en un momento sea amable y dedicado, y al otro irritado y agresivo. Tanto su estilo atrevido como su voluntad de alcanzar notoriedad le vuelven vulnerable a las frustraciones de su
pareja, pues naturalmente no siempre es posible llegar a donde se quiere.
En esos momentos, su pareja puede arrojarle una retahíla de acusaciones,
le exige que ustedes estén más cerca…, le recrimina que usted tiene una
vida sin objetivos y llena de banalidades, con poca preocupación por
construir algo palpable; pero como usted tiene buena capacidad para enfrentar estos tiempos difíciles y hasta de tomarlo todo con sentido del humor, acabará venciendo la resistencia de su pareja.

Admiración

Su pareja es exigente hasta consigo misma: determinada, desea siempre
destacar, lo cual hace que usted se sienta fascinado por ella. Como es
usual, la participación en proyectos audaces genera fiestas y ceremonias,
es decir, la convivencia con mucha gente interesante, y usted, que es par-
tidario de la comunicación, va a estrecharse aún más con su pareja. Y él
o ella apreciará su forma de comunicar y vender sus ideas. En el fondo,
el 11 admirará su optimismo y encontrará en usted un importante punto
de apoyo.

Modificación de actitudes

Aun cuando su pareja no siempre lo demuestre, aprecia la convivencia y
la seguridad del hogar y va a exigir eso de usted, que tiene dificultad en
asumir un compromiso más serio. Temeroso de la soledad, su 11 puede no
querer involucrarse con usted a causa de su tendencia a convivir con mucha gente, lo cual provocará un peligroso desequilibrio en la relación.
Procure concentrarse más en su relación y prestar más atención a su pareja… Ella quiere una relación más emotiva.

Afinidad

Ustedes pueden iniciar una relación de gran involucramiento, pero el 11 puede estar empeñado en sus ideales y usted estar llevando una vida desprovista de mayores propósitos. A veces su pareja puede también perder el balance, precipitándose siempre a sus planes. Con eso, ambos terminan por no construir nada y la relación queda condenada a un insoportable intercambio de acusaciones. Use en esos momentos su habilidad y procure reducir el efecto de esos conflictos con alegría y optimismo. Usted podrá salvar la relación y abrir el camino para un mejor entendimiento entre los dos.

Renovación

La vida atribulada y el exceso de compromisos de su pareja pueden apartarlos, ya que usted aprecia más los momentos relajados y la convivencia social. Su 11 puede, muchas veces sin manifestarlo, estar molesto con esta vida suya, repleta de amigos. Él o ella disfruta de la atención, pero no siempre la retribuye, y es emocionalmente inconstante e inseguro; de pronto, está encendida la señal de alerta: es necesario que ambos se aparten de esos polos de conflicto. ¡Desaparezcan!, sin decir a dónde fueron, con lo cual fortalecerán la relación.

Características positivas
determinación – organización
tranquilidad – confianza
estabilidad – honestidad
disciplina – eficiencia
atención

Características negativas
que pueden experimentarse
detallismo excesivo
espíritu controlador – tedio
lentitud – inseguridad
espíritu crítico

*U*sted tiene la fuerza de un roble, con las raíces bien plantadas en la tierra. Es decidido, sabe lo que quiere y brinda seguridad a otros. Leal y atento, posee un espíritu práctico y da sentido de la dirección a su pareja. Eficiente y organizado, procura planear sus acciones con criterio. Detallista, nada escapa a su ojo crítico. No tolera los errores de los demás y mucho menos los propios. Mentir, para usted, es firmar una sentencia de muerte. En la convivencia con una pareja, sea cual fuere la vibración de sus números, usted debe controlar el espíritu crítico y dejar que la pasión se apodere de su vida. Sea menos exigente y más flexible, y construirá una relación sólida, sincera y envolvente.

LAS FRAGANCIAS DEL NÚMERO 4
Menos crítica, manteniéndose en sintonía con su gran amor

Para conseguir más armonía en su relación, la persona 4 debe controlar su rigidez y adoptar una actitud más flexible. A partir de estudios acerca del efecto emocional que los aromas y los aceites esenciales provocan en las personas, identificamos que alguien con la vibración del número 4 debe usar de preferencia fragancias que posean el poder del pachuli, el cual promueve la confianza, y fragancias con la acción de la hierbabuena, que reduce la fatiga mental.

Pachuli, *Pogostemom patchouli* (fam. *Labiadas*)
La India es una tierra bendecida por millares de sectas, creencias… El sol que brilla en esa parte del mundo está bendecido por muchos dioses, más de lo que comúnmente se cree. Su suelo, escenario de múltiples luchas y enfrentamientos políticos, raciales y religiosos, no pierde su encanto. La India exhala misterio y seducción. Con las hojas del pachuli, cosechadas en estas tierras sagradas, se produce una fragancia dulce, delicada y que envuelve las mentes más rígidas e inflexibles, dándoles más tranquilidad y confianza, para que se suelten ante una gran pasión. El pachuli es el agente de la sensibilidad, un mensajero de Dios…

Hierbabuena-pimienta, *Mentha piperita L.* (fam. *Labiadas*)
Presa dentro de usted puede haber una capacidad de amar que no consigue manifestarse. Es preciso enfrentar ese bloqueo con la fuerza de una planta recolectada en las tierras bañadas por el Mediterráneo. La hierbabuena-pimienta es uno de los aceites esenciales más importantes, que ha sido agente y testigo de grandes momentos de la historia. Utilizada por los egipcios y los griegos, fueron los romanos quienes dieron mayor importancia a sus hojas y a su aroma: la hierbabuena se encontraba en la corona de los vencedores. Actúa sobre las mentes más estresadas y libera la voluntad y la disposición.

4 CON 1
USTED CON LA PERSONA 1

Todos sus caminos tienen que seguir una línea definida previamente. A usted le gusta planear todo: estudios, carrera profesional, matrimonio e hijos. Tiene tiempo para la diversión y para el trabajo, aunque este último es su prioridad. Usted adora lo que hace y procura ejecutar sus tareas con presteza, sin dar margen al error. Súbitamente, en medio de su decidido andar, usted se topa con un número 1. Impulsivo e impaciente, acostumbra tomar decisiones rápidas y no soporta reglas: es su opuesto, además de ser independiente, y tampoco le gusta que le ordenen: las corazonadas provocan alegría en esta pareja. De nada sirve comenzar a discutir, porque usted no quiere que le ordenen y desea tener el control de la situación. El 1 también… Qué tal si, entonces, procura ver el otro lado de la relación, donde haya puntos en común. Su pareja tiene una vena creativa que genera las ideas que usted necesita, pero le toca a usted ponerlas en el lugar adecuado.

Admiración

Un primer punto donde una pareja comienza a construir una relación saludable y duradera es la admiración. Es fundamental que cada uno valore a su pareja y admire sus cualidades y su modo de ser, apoyándose en ella para vivir mejor. Su 1 deberá respetar su capacidad para organizar y poner en práctica las ideas, sin dispersar esfuerzos. Usted, a su vez, encontrará en la persona 1 una imaginación fértil y una fuente inagotable de energía.

Modificación de actitudes

Usted debe actuar con flexibilidad y tolerancia, cualidades que en ocasiones le hacen mucha falta. En la convivencia con el 1 deberá tener una buena reserva de paciencia, pues sus actitudes impulsivas y apresuradas le enloquecerán. Sea más tolerante, póngase en el lugar de su pareja y procure entender mejor sus puntos de vista. Si actúa así usted, dará más estabilidad a la relación y el quehacer cotidiano fluirá de forma mucho más suave.

Afinidad

Disparidad es algo que no falta entre usted y la persona 1. Pero en toda relación es posible encontrar puntos de convergencia, donde ustedes se complementan: su pareja crea, usted planea y organiza, y ella ejecuta, con toda la seguridad que usted le da. Para triunfar en la vida no basta con ser eficiente, sino también es preciso innovar y mostrar disponibilidad para que todo aquello que usted planeó sea presentado a alguien. El 1, creativo y "lanzado", puede traer un mundo nuevo, rico en nuevas experiencias… Él o ella coloca la eficiente cabeza del 4 en modo de funcionamiento.

Renovación

Su obsesión por el trabajo exige que de vez en cuando se tome un descanso. Esa vida meticulosa, llena de metas y rutas críticas, puede desgastar la relación. ¿Qué tal si realiza una actividad más ligera, sin grandes compromisos, sin…, acaso un día libre para ir de compras? O sea, huya de los viajes en grupo, excursiones y demás. Explore el mundo, haga algo que realmente los saque de la rutina, movido por el impulso, por el deseo. Una aventura, un curso sobre alguna manifestación artística, en fin… respire profundo y sienta en plenitud la libertad, cultívense uno al otro, sin preocuparse por el tiempo. Ah, y deje su reloj en casa…

4 CON 2

USTED CON LA PERSONA 2

Usted tiene un espíritu crítico exacerbado, pero su pareja es melindrosa. Usted tiende a dar mucha importancia a las actividades profesionales, mientras que él o ella es romántico y quiere atención. Y ahora, ¿cómo logrará sobrevivir esta relación?, ¿cómo habrá un buen entendimiento entre dos personas con temperamentos muy conflictuantes? Cualquier problema será pequeño y superable ante el enorme potencial que ustedes tienen para construir una relación marcada por la sinceridad y la amistad. Ustedes poseen los ingredientes para eso: usted es dedicado y aprecia todo lo que es duradero, y puede recibir de su 2 el reconocimiento y el apoyo que usted espera.

Admiración

La persona 2 apreciará toda esa autodisciplina y espíritu crítico que usted tiene. Él o ella descubrirá rápidamente que el alto grado de organización con que usted conduce su vida le convierte en una persona productiva y eficiente, capaz de obtener resultados palpables en todo lo que hace; y usted encontrará en su pareja una habilidad poco común para resolver conflictos: eximio diplomático, el 2 no sólo pacifica, sino también procura encontrar soluciones que satisfagan a todos. Paciente y amiga, esta pareja podrá dar a usted una relación feliz y repleta de paz y armonía.

Modificación de actitudes

Una relación feliz necesita estabilidad. La pareja debe controlar mejor sus actitudes, procurando dar apoyo a la otra parte ahí donde a ésta le haga más falta, tratando de evitar los excesos. No espere a que su pareja tome la iniciativa. La persona 2, a pesar de ser flexible, es muy sensible y tiene dificultad para enfrentar las críticas. Usted suele ser impaciente y malhumorado. Procure adoptar una actitud más ponderada, evitando la hostilización y las discusiones inútiles. Actúe constructivamente y no quiera imponer demasiados obstáculos al crecimiento de su 2.

Afinidad

Ustedes son bastante seguros y trabajarán en objetivos y causas comunes, con buenas oportunidades de éxito. Su eficiencia y disciplina, así como su estabilidad y su estilo "con los pies en la tierra" compaginarán con el espíritu conciliador y la capacidad de adaptación del 2, permitiendo que se involucren en una relación con menos turbulencias. De hecho, si alcanzan ese punto de equilibrio donde ambos puedan contribuir al enriquecimiento de la pareja, ustedes tendrán una vida más resistente a los imprevistos y cargada de ternura y reciprocidad.

Renovación

Usted, que puede sucumbir a la fascinación que su carrera ejerce, no puede descuidar una gran virtud de su pareja: el romanticismo. Él o ella se enoja con facilidad y la calidez de esta relación puede mantenerse siempre que usted no se olvide de dar más espacio a su pareja en su vida. De vez en cuando, quítese los grilletes, apague su computadora y su celular y dé un entorno más excitante a esta relación. Realicen actividades en las que puedan desarrollarse más, sin interferencias. Su pareja disfruta con la atención: una carta es mejor que un e-mail.

4 CON 3
USTED CON LA PERSONA 3

¡Despierte, 4! ¿Algo no salió como usted quería...? Usted, con toda esa postura severa, necesita una sacudida: no para desorganizarle, sino para hacerle disfrutar más de la vida. La persona 3 le mostrará un mundo nuevo, lleno de alegría y optimismo. Usted comenzará a soltarse y a relajarse: sonrisas, risas y, en fin, carcajadas. No deje de ser la persona responsable que siempre ha sido, pero una dosis de desconcentración no le va a hacer ningún mal. Usted puede ayudar a dar un sentido más objetivo a la vida de la persona 3, "arreglando la casa", organizando sus acciones y permitiendo que él o ella se realice en otras áreas. Con cierta cautela, dominando algunas de sus actitudes más extremas, ustedes formarán una bella pareja.

Admiración

Para ser feliz, una pareja necesita cultivar la admiración mutua. Procure siempre valorar aquello que hace su pareja, repare en la inmensa capacidad que la persona 3 tiene para comunicarse, para conquistar la simpatía de las personas y no deje de apreciarse, demostrando que su disciplina, su empeño y su eficiencia son importantes para alguien que desea ocupar un lugar. La persona 3 necesita de alguien con esta visión más práctica del mundo. La comunión de estos extremos podrá generar una relación rica y duradera.

Modificación de actitudes

Usted necesita mantener claros sus objetivos, adoptar una actitud más optimista ante la vida y creer en su capacidad para triunfar. La persona 3 tiene estas virtudes y rara vez sucumbe ante las adversidades que surgen a lo largo del camino. En el trato con una persona así, al intentar conquistarla o en la convivencia diaria, es fundamental que usted sea más flexible y menos crítico. Es tiempo de controlar su intransigencia, 4: suéltese, lleve la vida en forma más lúdica y permita que la alegría del 3 invada su corazón.

Afinidad

A pesar de que usted es más estático y su pareja más dinámica, podrán encontrar un punto de convergencia. Usted aprenderá con él o con ella cómo explorar mejor su creatividad y tener una vida social más activa, haciendo mayor cantidad de amigos; a su vez, usted dará más estabilidad y sentido de la dirección a la persona 3, mostrándole que hay momentos para bromear y momentos para trabajar. Es importante que ustedes conozcan los límites de cada uno y que eviten criticar demasiado. Así, podrán vivir en armonía, en un clima de crecimiento y prosperidad mutuos.

Renovación

En la relación entre las personas 4 y 3 podrá haber desgaste a largo plazo, en función de las diferencias que hay entre los dos. Es muy importante, en estas situaciones, dedicar un tiempo para que ambos se salgan de la rutina y se demuestren su afecto. Usted apreciará hacer pausas regulares en el mundo del trabajo y le tomará gusto a los encantos de una vida más relajada y divertida. Renovar es, sobre todo, un ejercicio de revitalización que da nuevas motivaciones a la vida, individual y en pareja. Es un factor que no puede faltar en una relación armónica.

4 CON 4
USTED CON LA PERSONA 4

Son dos personas que encaran juntas la vida con seriedad. La capacidad es doble, ¿no? Error: estará más que duplicada. Es una combinación de considerable sinergia, en la que ambos tienen un pensamiento práctico, les gusta producir, son organizados y odian el desperdicio. Será una relación caracterizada por la sinceridad y la honestidad. Por otro lado, deben tener cuidado en no dedicarse demasiado a sus negocios, al trabajo en especial, poniendo a la relación en segundo plano. Deben cuidar que el silbato de policía no suene todo el tiempo, invadiendo los pensamientos de su pareja, controlando e imponiendo restricciones a la vida de su pareja. No transformen cada situación en algo más difícil de lo que realmente es. Ustedes, que conocen como nadie el valor del tiempo, procuren administrarlo de tal manera que dejen espacio para la mutua convivencia. En efecto, debe haber tiempo para todo, principalmente para amar.

Admiración

Cuando dos compañeros tienen personalidades similares, hay mayor facilidad para entender y apreciar los logros del otro. A pesar del riesgo de la competencia, ustedes se distinguen por su inmensa capacidad para organizar, planear y ejecutar en forma eficiente cualquier actividad. Seguros, siempre tienen los pies en la tierra y trabajan arduamente por los mismos objetivos.

Modificación de actitudes

El mayor problema es que ustedes intenten de manera inconsciente medir fuerzas. Para quien es exigente y está en busca de una relación sólida, es fundamental tener un pensamiento positivo, una actitud más flexible. Si entonces surge en su camino otra persona 4, la preocupación deberá ser doble. Usted debe controlar su actitud de cuestionar los puntos de vista de su pareja y entender que, en una relación, vence este equipo de dos personas o los dos pierden.

Afinidad

Es una combinación de armonía, en la que uno debe confiar en el otro. Ustedes son sinceros y leales y disfrutan el dedicarse a su pareja. La preocupación por el bienestar del otro y una atención constante permiten que haya una buena sintonía. Si realizaran un trabajo en común, la disciplina y la organización los unirá todavía más, pues así es como les gusta funcionar. Ustedes concuerdan en la necesidad de hacer todo del modo correcto y concretan sus proyectos a tiempo. Pero tenga cuidado con que el trabajo de cada uno, o incluso común, los aparte de una convivencia afectiva más intensa. También dé atención a que la realización material no esté por encima de todo lo demás.

Renovación

A ustedes les gusta trabajar, pero deben preocuparse siempre por poner un poco más de emoción en esta relación, pues con el tiempo pueden entrar en una inercia que resulta cansada. Arriesguen más, busquen algo nuevo, diferente, respirando nuevos aires y olvidando un poco el trabajo. Hagan un viaje para dos a un lugar donde realmente puedan desconectarse por completo. Nada de celular, laptop ni acceso a internet. Nada de llevar revistas técnicas o cualquier material relacionado con su profesión. Si quieren leer, lleven una novela de amor y practiquen mucho…

4 CON 5
USTED CON LA PERSONA 5

Usted está volando en su propio cielo, siguiendo una ruta que usted ya había trazado, todo perfecto, sin sustos. De repente, aparece en su vida un huracán: la persona 5, a quien usted no esperaba. Por ello, es hora de cambiar de planes de vuelo, colocarse el cinturón de seguridad y dejarse fluir… Será un viaje envolvente hacia un mundo desconocido y repleto de novedades. Este huracán va a redireccionar el rumbo de su vida: es sensual, ama la libertad, aprende todo con extrema facilidad y le da un nuevo sabor a ese quehacer cotidiano muy ordenado. Pasado el primer impacto, procure retomar poco a poco parte del control del... ¡¿hidroavión?¡ No se asuste y escuche: el flujograma de su vida apenas ganó algunos iconos que usted no conocía y harán que usted deje de pensar sólo en el futuro y se fije más en el presente.

Admiración

Sin muchas dificultades, ustedes podrán alimentar una admiración mutua. El 5 apreciará su modo organizado y su persistencia, y usted podrá sacar mucho provecho del espíritu progresista, de la sensualidad y de la enorme sensibilidad de su pareja. Él o ella llenará de buenas ideas esta relación, mientras que usted hará que su 5 tenga más estabilidad, se vuelva más perseverante, sepa mejor lo que quiere y termine lo que comience.

Modificación de actitudes

Para que una relación tenga éxito, es importante encontrar su punto de equilibrio. Al conocer al 5, usted deberá tener un gran autocontrol, pues el modo imprevisible e impulsivo de esta persona puede enloquecerle. Muchas veces parece un niño que necesita atención: en el fondo, es un curioso en busca de nuevas emociones. Y usted no siempre tendrá la flexibilidad necesaria para conquistarle. Procure no ser tan rígido: viva más el momento y observe todo lo que está a su alrededor. Respire hondo, dese cuenta de todo lo que le rodea, sonría... Así, usted será más apto para tratar con el 5.

Afinidad

Los opuestos también pueden atraerse. Usted y la persona 5 se complementan. Usted proporciona el equilibrio y la estabilidad que la relación necesita. La persona 5, talentosa y más comunicativa, contribuirá a dar mayor ligereza a su vida cotidiana, amenizando la rigidez de sus pensamientos. Usted es cauteloso y frena cuando es necesario, pero él o ella no teme al peligro y acelera cuando la relación requiere un impulso. El 5 tiene una sensibilidad que le permite entender con facilidad lo que ocurre, poniendo en práctica lo que aprendió y anticipándose a los acontecimientos futuros.

Renovación

Su vida con la persona 5 es una auténtica montaña rusa, llena de altibajos: usted mantenga el carro en los rieles, pero deberá estar siempre preparado para una sorpresa, No se asuste, pues al final todo deberá acabar bien. En los momentos más difíciles, de mayor desgaste, procure renovar la relación. Nuevos cursos (¡la persona 5 tiene que concluirlos!), nuevos aprendizajes y una escapada en busca de nuevos aires: planeen juntos una gran aventura. Experimente tener un día de intensa y variada actividad. ¿Ustedes ya vieron nacer el sol... juntos?

4 CON 6
USTED CON LA PERSONA 6

Convivir con esta pareja es como volar sin turbulencias. ¿Una relación aburrida? No, lo que ocurra a bordo dependerá de usted. Esta unión tiene todos los ingredientes para ser cálida y exitosa. Usted, persona 4, tiene un estilo más conservador y aprecia las tradiciones. Natividad, Pascua, el Día de los Enamorados, matrimonio... Oh, estamos hablando de una palabra clave para la persona 6: matrimonio. Es uno de los grandes proyectos de su vida: un hogar, una familia, una vida repleta de paz y basada en la lealtad y en la justicia, y para usted este sentido de la responsabilidad es agradable. Ustedes pueden formar una pareja plena de ternura, realizando un trayecto tranquilo, sin grandes sobresaltos.

Admiración

Ustedes forman una pareja trabajadora. Se incentivarán uno al otro, lo cual ayudará a que cumplan sus metas. Usted tiene sentido de la justicia.

Deberá valorar el espíritu familiar de la persona 6, así como su sentido de compañerismo, su intuición y su vanidad. Caprichoso, él o ella siempre andará impecable. Y usted atraerá a su pareja con su estabilidad, seguridad y determinación.

Modificación de actitudes

Su postura seria, concentrada en concretar sus planes sin que pueda haber ninguna falla, hará que usted sea una persona muy crítica e impaciente con usted mismo y con los demás. Un cuestionamiento respecto a la persona 6, vanidosa por naturaleza, puede costarle mucho más de lo que usted piensa; por su parte, su pareja busca más que estabilidad en una relación. Es una persona romántica y valora la atención y el cariño. Usted debe cambiar ese modo severo. Adopte una postura más orientada a la vida en común: usted se sentirá más seguro y así dará más intensidad a esta relación.

Afinidad

La relación entre usted y el 6 reúne todas las condiciones para ser estable. Él o ella se siente responsable por los demás y está siempre en disposición de ayudar: es cariñoso, le gusta dedicarse a su amor y a cambio quiere afecto y cariño. Usted, que actúa siempre con reticencia, va a apreciar este lado solícito de su pareja, y a su vez le dará más seguridad y más disciplina en la organización de sus actividades. Juntos, tendrán una vida serena y digna, al saber equilibrar el ocio con las actividades profesionales.

Renovación

No permita que esta relación tranquila caiga en la monotonía. Cuando ambos se sientan seguros, su pareja puede confiarse, volviéndose displicente, actitud que usted no tolera. De vez en cuando es preciso reoxigenar su vida. No deje de tener su espacio y aliente a su 6 para que también tenga su mundo. Jamás abandone a sus amigos, pero nunca deje de dar atención al 6, pues éste necesita sentirse amado. Si actúa así, la relación fluirá de forma agradable y saludable. ¿Ya le llevó usted el café a la cama por la mañana?

4 CON 7
USTED CON LA PERSONA 7

El 7 siempre está soñando y pensando: sueños envueltos de mucha espiritualidad y cargados de una poderosa energía psíquica. La persona 7 se sumerge en su mundo interior y casi siempre está abstraída, reflexionando sobre su vida y la de los demás, y usted puede estar ahí como... ¿coadyuvante o actor principal? El papel que usted va a representar para la persona 7 dependerá de su capacidad para mostrarle la importancia de poner en práctica toda su sabiduría en pro de la humanidad, pues él o ella tiene un gran potencial para colaborar en forma efectiva en causas humanitarias. Si alcanzan esta sintonía, ambos serán una combinación excelente. Y usted, con su organización y su espíritu práctico, tiene buenas condiciones para lograr ese objetivo.

Admiración

La sabiduría y la espiritualidad de la persona 7 la hacen poseedora de una gran intuición única. Esta admirable capacidad la convierte en una consejera excepcional. Discreta, sabe guardar un secreto y podrá ayudar a su pareja a superar los momentos difíciles; pero el 7, intelectual, necesita alguien eficiente y organizado como usted para concretar sus sueños, es decir, para poner en práctica sus elucubraciones. Así, ambos podrán alimentar una gran admiración mutua, factor muy importante no sólo para atraer a dos personas, sino también para mantener viva la relación.

Modificación de actitudes

Tiempos diferentes. Su predisposición a la impaciencia ante obstáculos difíciles de ser superados puede traer algunas dificultades a esta relación.

La persona 7 no es rehén del tiempo. Si quiere vivir con alguien de esta vibración deberá cambiar algunas actitudes. Aproveche la sabiduría y la lealtad del 7: adopte una postura menos inflexible, exprese sus sentimientos, escuche a su pareja, aproveche sus consejos y sepa detectar los elementos que van más allá de lo concreto.

Afinidad

Usted y la pareja 7 son personas serias, exigentes y aprecian todo lo que está bien hecho; quieren la perfección, pero hay conflictos a la vista. Quizá sea más probable que se dirijan hacia una relación en la que ambos se complementen. Los dos pueden compaginarse muy bien: la intuición de su pareja, así como su aguda percepción, influirán en una persona sentimental como usted. Pero no tenga prisa, sea menos radical; no sólo existe lo correcto y lo equivocado, sino que en el medio hay algunas variables por considerar, además de que el buen sentido debe orientar la relación entre los dos.

Renovación

Usted y el 7 tienden a ser muy serios. Procuren distraerse con actividades, viajes y programas que los relajen, fuera del ambiente social habitual, especialmente junto a la naturaleza: ustedes alcanzarán el éxtasis. Pero, por otro lado, nunca deje de tener sus proyectos personales, ni asfixie a su pareja: él o ella necesita tener su propio espacio, su tiempo para reflexionar, lo cual implica incluso hacer retiros para meditar, al ir a templos y cultivar sus creencias. Aprenda a soñar. ¿Y qué tal hacer realidad el deseo de su 7? ¡Le adorará!

4 CON 8
USTED CON LA PERSONA 8

Esta persona es una luchadora: incansable, que no huye a las batallas. Ambiciosa, goza de un pensamiento analítico excepcional que la lleva a construir una vida exitosa, así como disfruta de planear, organizar, construir… palabras bastante familiares para usted, ¿no es así, 4? Ustedes se distinguen por su placer en hacer todo bien, buscan la eficiencia y no admiten fallas. ¿Una pareja perfecta? ¡Casi! Tienen el potencial para vivir una unión saludable y duradera, además de tener en común el sentido de la responsabilidad y de la disciplina. La persona 8 le dará más confianza y siempre tendrá una idea nueva o una solución que podrá ayudarles. Juntos, pueden vivir en armonía, pues caminan en la misma dirección.

Admiración

Ninguno de los dos puede creerse lo "máximo" y pensar que la vida del otro sólo tiene sentido a causa suya. En la relación entre usted y el 8, el trabajo y sus realizaciones son importantes, pero considere lo que su pareja hace y… cómo puede contribuir a su éxito: él o ella tiene una gran agilidad mental y un invencible espíritu de lucha. Y usted también tiene sus cualidades: su pareja necesitará su apoyo y su lealtad, a la vez que podrá beneficiarse con su sentido de la observación, es decir, su capacidad para evaluar los detalles en cada situación.

Modificación de actitudes

El pensamiento positivo (o sea, el optimismo) es un regalo que puede ayudarle a cosechar los mejores frutos en esta vida. Por naturaleza, usted es muy exigente y a veces puede dejarse envolver por un espíritu crítico exacerbado, dificultando no sólo un acercamiento, sino también la convivencia con la persona 8, que no siempre acepta las opiniones ajenas. Sea menos intransigente y procure suavizar sus controles: usted trata de controlar tanto el tiempo que en el fondo no logra ver cómo éste pasa rápidamente.

Afinidad

Se trata de una relación de fuerte sinergia, en la que 4 más 8 es igual a…
bien, puede ser el infinito. Por cierto, esta palabra combina perfectamente con la personalidad del 8, que posee elevadas expectativas respecto a la
vida. Ambos disfrutan trabajando y construyendo. El 8 se entrega en cuerpo y alma a las actividades que emprende. Si orientara esta persistencia a
la relación afectiva, construirían una unión sólida. Su pareja le dará la confianza que usted necesita; por ello, analice y ayúdele a observar todos los
aspectos de cada cuestión. El 8, justo y correcto, y usted, leal y honesto,
podrán recorrer un camino tanto seguro como gratificante.

Renovación

Ustedes se dedican mucho al trabajo, lo cual podría poner en riesgo a esta bella pareja. Es saludable que emprendan actividades en conjunto, lejos
de lo cotidiano. Hagan coincidir sus días de descanso, viajando a lugares
que estrechen la relación, sitios llenos de encanto. Y fuera del periodo de
vacaciones, busquen una actividad en la cual puedan dedicarse al prójimo, lo que unirá más a la pareja y suavizará las tentaciones más materia-
listas que muchas veces toman por asalto la mente de su pareja.

4 CON 9
USTED CON LA PERSONA 9

El viento fuerte intenta arrancar los arbustos, flores y plantas apenas consiguen resistir. El verde del pasto pierde su brillo, sumergido bajo las aguas
violentas. Una tempestad. Para usted, un 4, es el fin del mundo… para el
9, un nuevo comienzo… Usted tiende a no ver que la lluvia trae el agua
vital para dar más exuberancia a su jardín. Y eso es lo que el 9 puede hacer surgir en su vida: al principio usted podrá incluso sentirse asustado y
disminuido ante tamaña fuerza y capacidad de realización, pero con esta
pareja dará un nuevo sentido a su vida. La convivencia con la persona 9

puede llenar su alma con los valores más nobles. La sensibilidad de este ciudadano del mundo hará que usted descubra que toda su eficiencia aplicada al éxito profesional puede también ser canalizada para ayudar al crecimiento de otras personas. Esto podrá ser benéfico incluso en su trabajo, pues desarrollará su sociabilidad y su capacidad para trabajar en equipo.

Admiración

Admirar a la pareja es respetar, así como apreciar su modo de ser y sus realizaciones, siendo constantemente estimulado por ella. El 9 le alentará a desarrollar su tolerancia respecto a otras personas; por otro lado, usted hará que el 9 participe en más actividades, desarrollando sus habilidades creativas. Él o ella apreciará su capacidad para planear y organizar, con miras a alcanzar un objetivo. Su 9 seguramente apreciará su eficiencia y aprenderá con usted a utilizar todo eso en bien del prójimo.

Modificación de actitudes

Su carácter obsesivo y su manía de perfección podrían generar muchos conflictos en su relación directa con la persona 9. Flexible, él o ella adora conocer e interactuar con los demás; pero usted, más rígido, no sólo tiene dificultad para involucrarse, sino también puede quedar abrumado con la popularidad de su pareja. Usted necesita reducir esa gran distancia que les separa, buscando mayor estabilidad en la relación. Procure entender la personalidad más extrovertida del 9 y aprenda de las personas que él o ella le presenta, pues cada una aporta nuevas experiencias.

Afinidad

A veces, el 9 tiene crisis emocionales y puede comenzar a exigir demasiado de su pareja. Usted, en defensa, puede retraerse todavía más, por miedo a sucumbir ante la inestabilidad de su 9. ¡Calma! Usted, que es un ávido del trabajo y necesita obtener siempre resultados concretos a partir de sus acciones, exigiéndose mucho a sí mismo, podrá aprovechar esta convivencia, aprendiendo a tener una visión más amplia del mundo. Usted comenzará a sentirse más suelto y su vida podrá sufrir cambios considerables… fluirá mejor. Usted deberá ayudar a su pareja a ser objetiva, práctica y a actuar con mayor claridad.

Renovación

El 9 puede pensar que usted es demasiado conservador y cansarse de su carácter reservado y cerrado. Esta persona disfruta al expresarse libremente. Le gusta ir al cine, a fiestas, a exposiciones… Suéltese, 4; entre más en el ritmo del 9 y apártese de cualquier amenaza de rutina. Busque nuevos horizontes, manténgase siempre aprendiendo. Viajes, manifestaciones culturales, cursos y hasta la construcción de una casa son actividades que les darán nuevas motivaciones y una sensación de novedad, uniéndolos para siempre.

4 CON 11
USTED CON LA PERSONA 11

Un lago enorme, con una isla en su centro. En ella se yergue un castillo inexpugnable. Usted está detrás de los muros de esa fortaleza, ensimismado en su trabajo y protegido contra las agresiones de este mundo hostil. Fuera de estos muros, se hallan la inmensidad y los sueños de un lago misterioso: el mundo del 11. Y es así como se siente usted ante semejante grandiosidad: su pareja llega a asustarle con su ímpetu y la magnitud de su idealismo. Y usted, en actitud defensiva, se cierra todavía más. ¿Por qué no salir de su guarida y abrir las puertas de su… corazón? No tenga miedo, no será el escenario de un cuento de hadas. El 11 puede dar más vida a ese castillo y transformarlo en la morada de una relación intensa en intercambio de energías.

Admiración

Admirar es romper las barreras del egocentrismo. No significa deshacer-se de la autoestima, pero sí reconocer que nada se logra solo y para que una persona viva plenamente debe intercambiar energía y compartir co-nocimientos. Su relación con el 11 es una comunión de personalidades diferentes que pueden propiciar una gran maduración mutua: usted de-berá apreciar la mente lúcida y la gran sensibilidad de su 11, y éste apre-ciará sus ideas reformistas y su lealtad.

Modificación de actitudes

El involucramiento con una pareja como el 11 está lleno de conflictos. Él o ella puede pensar que usted es una persona muy primitiva: ciertamen-te, usted tiene un enorme potencial cautivo en su interior, sobre todo en el plano afectivo, pero tiene dificultades para expresar sus emociones. Es-to genera distanciamiento y animosidad. La búsqueda del equilibrio de-pende de los dos, pero ¿quién dará el primer paso? Procure afrontar el nerviosismo de su pareja como una necesidad de dejar salir su enorme energía reprimida. Sonría, suéltese y comience a aprovechar todo el amor que su 11 tiene para dar.

Afinidad

Usted puede dar a esta pareja una base terrenal para que ella crezca espi-ritualmente. Su idealismo podría alejarle en forma apreciable del mundo real, trayendo problemas para él o ella y para la relación. Usted aporta rumbo, llama la atención hacia los detalles... en fin, hace que su pareja 11 se observe con objetividad; pero si a veces su 11 quiere volar, deje que lo haga. Continúe pisando en suelo firme y orientándole para que el vien-to no le lleve demasiado lejos, como si estuviese decorando una vasija. Qué hermoso colorido le da su 11 al cielo, a sus horizontes, ¿no, 4? Y su pareja está en la cima, donde todos puedan verla: ¡se va a sentir lo sublime!

Renovación

La diferencia de personalidades entre ustedes es muy marcada, lo cual puede causar un problema: la rutina y la seriedad de su vida pueden desgastar la relación, en función del estilo de su pareja. Procure alcanzar altos vuelos con su 11, pues él o ella tiene expectativas elevadas. Piense en grande, pero nunca deje de tener su vida, su espacio propio. La convivencia de dos personas que se aman es una comunión de confianza: es estar juntos, incluso en los momentos en que están separados, "sólo" dentro del corazón de su pareja.

5

Características positivas
espíritu progresista
curiosidad – mente rápida
sensualidad – espíritu libre
aventura – flexibilidad
creatividad – versatilidad

Características negativas
que pueden experimentarse
inestabilidad
impulsividad – indisciplina
hiperactividad
impaciencia
espíritu inquieto

*U*sted encanta, conquista, envuelve, y posee dentro de sí una gran energía; con usted, el mundo es de colores; su curiosidad y sensualidad son características; despierta pasiones arrebatadoras por donde pasa; su forma entusiasta de hablar es contagiosa; siempre tiene algo que decir en cualquier asunto; quiere aprender todo, conocer el mundo. Pero cuando menos se espera, usted se marcha. Y muchas veces vuela a un destino lejano sin avisar. Incansable, está siempre dispuesto a buscar nuevos caminos y alcanzar nuevas alturas. Quiere libertad y huye de la rutina. Necesita mucha fantasía para renovarse.

Sin embargo, sus decisiones pueden ser impulsivas, ya que usted es inestable e impaciente. Querer innovar puede ser una señal de progreso, pero tenga más moderación. Su modo agitado puede comenzar a alejar a las personas que están a su alrededor, en especial aquellas que buscan una relación sólida y duradera: usted necesita canalizar esa energía hacia un gran amor. ¿Eh, número 5?

LAS FRAGANCIAS DEL NÚMERO 5
Para controlar su inquietud y unirse a un gran amor

Para lograr más armonía en su relación, la persona 5 necesita controlar su inestabilidad y su impulsividad, que perjudican mucho la unión. A partir de estudios acerca del efecto emocional que los aromas y aceites esenciales provocan en las personas, identificamos que alguien con la vibración del número 5 debe usar de preferencia fragancias que tengan la fuerza creativa del amor, que la rosa proporciona, y las fragancias que poseen la acción del geranio, que modera la ansiedad.

Rosa, *Rosa centifolia L.* (fam. *Rosáceas*)
¿Cuántas relaciones amorosas no fueron deshechas o ni siquiera se concretaron a causa de comportamientos inestables, de personas que se irritan con facilidad? Marco Antonio tenía dificultad para involucrarse con Cleopatra: la fuerza creativa del amor, generada por la fragancia de los pétalos de rosa, dio el impulso definitivo a su corazón. Esta flor, que simboliza el amor en toda su plenitud, tiene su origen en la antigua Persia. Actualmente se cultiva en el norte de África y en Francia. Afrodisiaca, la rosa ayuda a controlar su inquietud y puede hacer aflorar un mundo de sensaciones deliciosas que le acercarán a su amor.

Geranio, *Pelargonium graveolens Art.* (fam. *Geraniáceas*)
Muchas veces el deseo de amar a una persona es tan grande que usted acaba precipitando los acontecimientos. El amor es un don divino, pero el placer en una relación afectiva debe ser gozado en toda su plenitud, y todo comienza con la conquista. Usted no debe apresurarse, pues puede echar todo a perder. En la calma de sus movimientos, la joven campesina rusa respira la tranquilidad y la paz de los campos de su país. En la inmensidad de las tierras de ese país-continente, la naturaleza no tuvo dificultad para encontrar un espacio para desarrollar una planta, un agente de Dios que combate la ansiedad y hace que una relación fluya sin prisa, con tiempo para desarrollarse: las hojas y flores del geranio.

5 CON 1
USTED CON LA PERSONA 1

¡Independencia! ¡Libertad! Es lo que el 1 quiere y usted también. Ambas son personas a quienes les gusta trazar sus propios caminos y no soportan los presentimientos, principalmente su pareja. ¿Lograrán convivir sin grandes conflictos? Sí, es posible, pero ¿cómo canalizar entonces toda esa energía presente en la relación? Usted debe respetar el lado individualista de su pareja y controlar su inestabilidad, que muchas veces le vuelve una persona indecisa, lo cual el 1 odia sensiblemente. No soporta a la gente que titubea y que no sabe lo que quiere. A usted le gusta estar en sintonía con las novedades, estar afinado con el momento, y el 1 procura también estar siempre actualizado: eso da un potencial para formar una pareja llena de voluntad e iniciativa.

Admiración

Usted deberá admirar a su pareja por su valor, fuerza de voluntad y capacidad para iniciar una nueva actividad y lograr concluirla. El 1, a su vez, deberá encontrar en usted una persona sensible y sociable, que no teme a las nuevas experiencias y que está siempre conociendo personas y lugares, cualidades que su pareja requiere para promover el progreso en su vida. En un camino de dos sentidos, esta admiración generará mayor respeto entre ustedes, llenando la relación de mucha energía y pasión.

Modificación de actitudes

Su ansiedad por estar siempre buscando algo nuevo sin haber terminado lo que comenzó va a agotarle… o por lo menos va a enfurecer a la persona 1. Y, como todo 5 que se precie de serlo, usted toma actitudes impulsivas, que ponen en riesgo todo lo que ha logrado con su pareja. Una relación exitosa debe llevar la pauta del equilibrio y la estabilidad: procure abrir más su corazón, y las diferencias se atenuarán y darán lugar a un espíritu de comprensión.

Afinidad

Las oportunidades de que ustedes encuentren un camino común son buenas. Ambos tienen el pensamiento rápido y disfrutan de los desafíos mentales. Poseen agilidad mental y les gusta vivir el presente. El 1 abrirá los horizontes, afrontará lo desconocido y se enfrentará a las dificultades que surjan. Este 1 tan individualista puede ser lo que faltaba para que usted rompa las barreras del miedo y la inseguridad que muchas veces impiden que continúe su ruta. Él o ella aceptará los riesgos y hablará con orgullo y entusiasmo de los proyectos que ambos han emprendido. Usted permanecerá en la retaguardia, analizando con inteligencia y rapidez todos los detalles. Será el espíritu conciliador que dé a esta relación una aliada, cuyos frutos serán deliciosos.

Renovación

No hay lugar para la monotonía en una relación entre dos personas tan dinámicas como usted y el 1: ambos tendrán una vida repleta de emociones y a cada momento podrá surgir una agradable sorpresa. Mas nunca deje de dar expresión a toda su sensibilidad y provoque siempre a la persona 1, que seguramente no se resistirá. Embárquese con su pareja en un viaje lleno de emoción e involucramiento.

5 CON 2
USTED CON LA PERSONA 2

Por donde pasa, usted hace amigos, lo cual forma parte de su personalidad y usted cuida ese acervo. Son amigos de la facultad, de la escuela, del trabajo, del club, del barrio y... del personal de limpieza. Para un 5 típico, toda persona tiene algo diferente, mágico, con quien puede encontrar una experiencia distinta y abrir nuevos horizontes. En cuanto al 2... él o ella aprecia la vida social cuando está tras la amistad y el intercambio. Usted quiere volar, desea emoción ahora. Y el 2 quiere paz y sosiego, pues no le gusta mucho el estrépito. Tiene menos amistades (las cuenta con los dedos de una mano), pero prefiere su compañía, exigiendo una atención amplia, total e irrestricta. Eso se pasa, ¿no, 5?, mas ¿será el fin? Este 2, aparentemente tan posesivo, ¿no puede ser la clave para su felicidad? En efecto, tiene atributos que pueden dar un sentido más claro a su vida.

Admiración

Uno de los puntos básicos para una buena relación está en saber reconocer y valorar la importancia de la pareja en su vida. El 2 traerá más calma y paz a sus caminos tortuosos. Su espíritu conciliador será decisivo para usted, una persona incansable, cuyo comportamiento activo podrá dar a su pareja mucho más dinamismo y un mundo de nuevas ideas y experiencias.

Modificación de actitudes

Uno de los secretos para que una relación dé resultado reside en las actitudes positivas que tome cada una de las partes, es decir, tener un pensamiento constructivo con miras a una relación equilibrada. Su pareja es más pasiva, reservada y no siempre aprecia toda su agitación. Usted debe controlar su impulsividad y procurar actuar con más discreción, pues muchas veces exagera, poniendo en riesgo la relación.

Afinidad

Usted hace amigos por dondequiera que pasa, mientras que el 2 no y quiere su compañía sólo para sí. A usted le gustan las aventuras, ama la libertad y siempre desea experimentar, visitando nuevos lugares. El 2 procura quedarse en tierra, quiere vivir esta pasión para siempre. Usted es atrevido, él o ella es más bien cauteloso; cuando usted acelera, su pareja frena. Más que como conflictuantes, ustedes deben afrontar sus personalidades como complementarias. Cuando sea necesario, él o ella puede calmarle. Cuando la situación lo exija, usted podrá darle una sacudida, un empujón.

Renovación

Monotonía es una palabra que no existe en su vocabulario, 5. Su vida es una eterna búsqueda de lo nuevo: cinco minutos atrás puede ser para usted el pasado lejano. Su ritmo acelerado puede a veces poner en jaque su relación con una persona más lenta, como el 2, pero no es difícil hacer que vibren en sintonías más próximas. Su pareja es romántica y aprecia las atenciones especiales: le gusta cultivar su compañía, pero a solas. Explore situaciones comunes en forma diferente... por ejemplo: llame durante el día para dejar un beso. En vez de escalar una cumbre escarpada, haga un viaje más romántico: una cabaña en lo alto de una montaña... ¡y la pasión estará en las alturas!

5 CON 3

USTED CON LA PERSONA 3

El talento de estas dos mentes creativas generará una relación fértil en ideas. Siempre podrán surgir buenos momentos y hacer que vivan intensamente. Usted brindará innumerables oportunidades a su pareja. Y él o ella, con su optimismo incondicional, podrá transformar cada situación en una comunión de gran alegría. Mientras usted, con su arte de convencer, abre nuevos caminos, el 3, con su gran creatividad, brinda apoyo. Es también una excelente unión para los negocios. A pesar de que esta combinación es altamente positiva, podrían surgir algunos contratiempos y dificultades en función de las actitudes impulsivas que ustedes toman. Mas la búsqueda incansable de nuevas experiencias dará a esta pareja la posibilidad de tener una convivencia excitante y apasionante.

Admiración

La persona 3 irradia alegría por donde pasa, de modo que su optimismo y su buen humor le encantarán. Usted deberá admirar su enorme habilidad para comunicarse y su capacidad para reunir a las personas. No hay tiempo para los ánimos bajos en compañía de esta extrovertida pareja 3; a su vez, el 3 se sentirá atraído por su magnetismo, por su sensualidad y por su sensibilidad. Él o ella apreciará su don infinito de generar ideas que no sólo pueden contribuir al éxito de cada uno, sino también para dar un ambiente más cálido a esta relación.

Modificación de actitudes

¿Pura emoción?, o ¿pasión?, o ¿ambos? Usted y el 3 forman una pareja que a menudo actúa en forma impulsiva, poniendo en riesgo la relación. De hecho, usted es exagerado, inmaduro y celoso, mientras que su pareja es rebelde e inconstante. Es tiempo de administrar ese lado pasional y dar más equilibrio a esta unión. Procure controlar su impaciencia y evite tomar decisiones precipitadas, que pueden echar todo a perder. Usted calmará los ánimos y tendrá un pensamiento más positivo y propenso a construir una relación sustentada en un diálogo maduro.

Afinidad

Superada esa tendencia mutua a actuar precipitadamente y a dispersar la energía, usted y la persona 3 tendrán las condiciones para formar una pareja victoriosa, no sólo en los ámbitos personal y profesional, sino principalmente en la relación afectiva. Su magnetismo, 5, va a envolver a su pareja, quien, eterna entusiasta en todo lo que hace, contagiará la relación de mucho optimismo. Ambos tienen una mente fértil y usted capta todo con extrema facilidad. Incansables, forman una unión excitante y disfrutan alegrando a los demás.

Renovación

En una relación que tiene una temperatura tan alta como ésta, no habrá espacio para la monotonía. Ustedes estarán siempre en busca de nuevas actividades, rodeados de personas interesantes: un día nunca será igual a otro. En la vida artística encontrarán un involucramiento todavía mayor; sin embargo, esta relación tiene un grave defecto: ustedes toman una decisión equivocada, y ya están pensando en cambiar a algo del todo diferente. Actúen con más serenidad y procuren concluir lo que comienzan, so pena de que sus vidas acaben desprovistas de rumbo.

5 CON 4
USTED CON LA PERSONA 4

Usted viajó. ¿Adónde?, ¿por cuánto tiempo?, ¿por qué?, ¿de nuevo? Pero a usted no le habían dicho que... c-o-n-t-r-o-l-t-o-t-a-l, aquí es el 4, ¡cambio! ¡Llega! Usted comenzará a sentir que está dentro de una camisa de fuerza. Reglas-compromisos-lazos a la hora en que usted llega —¡Hola! ¿Ya llegaste?— y el 4 toma el control. ¡Caray!, esa historia ya le está causando náuseas, ¿no, 5?, pero no se sorprenda: las oportunidades de una buena relación con el 4 no son despreciables. Es innegable que a su pareja le gusta controlar la situación y que usted es intolerante en cuanto a ciertas restricciones. Mas ¿por qué no expresar esas diferencias en una forma que complemente al otro, dejando así que fluya una ardiente pasión?

Admiración

Usted tiene mucho que aprender con el 4. Su eficiencia y su preocupación por hacer todo de una forma disciplinada y planeada deberían ser apreciadas por una persona poco dedicada como usted, 5. Él o ella podrá, definitivamente, poner orden en la casa: paciente, tiene una visión más enfocada en la familia y disfruta cuidar de las personas. Y usted envolverá a esta pareja, a veces demasiado seria, con sus extravagancias y principalmente con su manera agitada, llena de novedades y con mucha energía para dar. Esta relación de admiración mutua podrá hacer que ustedes se atraigan y se deseen intensamente.

Modificación de actitudes

Sin duda, los polos opuestos pueden acercarse y vivir una relación intensa; pero dicha convivencia estará salpicada de muchos conflictos, en caso de que ninguno de los dos se esfuercen por actuar con equilibrio y mesura. Su gusto por lo inesperado y su propensión a gastar el dinero con facilidad pueden violentar la naturaleza más comedida y sistemática del 4. Usted deberá ser menos inestable y esforzarse para que esta relación dé resultado. Procure ser más estable: continuará elevándose a las alturas, pero con la misma intensidad que su pareja…

Afinidad

Usted piensa que correr riesgos forma parte de la vida; por el contrario, su pareja es prudente y no toma ninguna decisión sin antes analizar todos los puntos involucrados. Usted necesita mostrar a su 4 que nada es tan perfecto como él o ella desea. Usted le dará mayor emoción a su vida y el 4 hará que usted ya no actúe irreflexiblemente, evitando que caiga en trampas. Así, si se combinan la ponderación con el espíritu de aventura, esta relación generará mucho placer.

Renovación

Su pareja es un trabajador concienzudo que realiza sus tareas con dedicación y no admite errores. No está tranquilo hasta que no alcanza sus metas; pero si usted no toma ninguna providencia, la relación perderá intimidad. En la primera oportunidad, no vacile, sino aparte a este obsesivo del trabajo de la rutina diaria y dé salida a su inagotable capacidad para inventar distintos programas. Desconecte la laptop y el celular. Usted, el 5, va a demostrar que una calle posee varios callejones que pueden ser explorados. ¡Y que pueden ser una aventura excitante!

5 CON 5

USTED CON LA PERSONA 5

¡Ponle más sal! No, ya está bien así. Sube el volumen. ¡Estás loco, quieres reventarme los tímpanos! Vamos al cine a ver una comedia, claro. Ni pensarlo, quiero ver un romance. Pero antes no te gustaban… Éste es usted, 5. Imagínese junto a otro 5. Esto no significa que no puedan llevarse bien, pero la conquista y la convivencia no serán fáciles. Ambos aman la libertad y pueden vivir una infinita secuencia de separaciones y reconciliaciones. Tienen muchos intereses y no les gusta asumir demasiadas responsabilidades. Ustedes necesitan ayudarse mutuamente para dar a sus vidas un sentido más objetivo y concreto.

Admiración

Valorar a la pareja es fundamental tanto para la atracción como para la supervivencia de una relación afectiva. Esto genera respeto y crea una base sólida, inmune a las trampas que enfrenta cualquier unión. Usted es independiente y tiende a apreciar el gusto por la aventura y por la novedad, atributos que su pareja también tiene de sobra. Estas semejanzas deben ser trabajadas para que, en vez de que existan competencia y conflictos, haya un clima de apoyo e incentivos.

Modificación de actitudes

La personalidad inestable y agitada de dos personas 5 puede traer mucha carga nerviosa a la relación. Inquietos, ansiosos e impacientes, ustedes tienden a discutir con facilidad. Carecen de disciplina, lo cual provoca un serio peligro de que hagan demasiadas cosas al mismo tiempo. Busque el equilibrio de la relación por medio de un diálogo más constructivo, intentando ver a dónde quiere llegar su pareja. Dos personas 5 que consigan acercar sus sintonías vivirán una relación ardiente.

Afinidad

Si dosifica su instinto de libertad y controla su espíritu irritable, usted hará que su personalidad y la de su pareja converjan hacia objetivos más nítidos y que sean, por encima de todo, realistas. Extremadamente creativos y capaces de asimilar con rapidez nuevos conocimientos y experiencias, ustedes formarán un dúo dotado de gran complicidad, cuya relación será muy placentera y en la que cada día, a cada momento, habrá una nueva lección para enriquecer sus vidas.

Renovación

Ustedes, por naturaleza, no soportan la monotonía, ni se intimidan ante situaciones inesperadas; les gusta que su pareja haga algo sorpresivo; un ritmo musical exótico les seduce. Ambos requieren siempre desarrollar una actividad, por lo menos una, en conjunto, algo que los estimule, tal vez relacionada con viajes y que tenga un aire de aventura, con mucha novedad y emoción. Lo inusitado provoca sus sentidos y da salida a la gran sexualidad que ambos poseen.

5 CON 6
USTED CON LA PERSONA 6

¡Muy acertado! Es muy probable que usted enfrente de este modo al 6: "nacimiento-infancia-escuela-juventud-facultad-formación-trabajo-matrimonio. Listo, deber cumplido". Al leer esta ecuación, una persona 5, aun antes de acabar, ya estará extremadamente irritada. ¡Señal de aburrimiento! ¿Cómo puede dar resultado una relación entre un 5, tan independiente, versátil y amante de la libertad, y un 6, tan orientado a una vida planeada con antelación, centrada en la familia? Bueno, usted va a tener que batallar bastante: no sólo para conquistarle, sino también para que la relación sea duradera. Usted deberá entender la importancia de tener un "pedazo de tierra" y una actitud más seria ante la vida. Así, su pareja abrirá las ventanas de su corazón, permitiendo que usted lo inunde con toda su alegría y su entusiasmo.

Admiración

Dos personas tan distintas como usted y el 6 podrán encontrar puntos importantes de acercamiento. Usted deberá apreciar la intuición, el espíritu de justicia y de amistad que tiene su pareja, así como su preocupación por tener una relación sincera; a su vez, él o ella deberá valorar su sensibilidad y su capacidad para tener ideas diferentes que dan un carácter especial a esta unión. Como el 6 anhela una vida más estable, su respeto existirá en la medida en que usted se esfuerce en pro de formar un hogar.

Modificación de actitudes

Esta relación necesita mucha paciencia, dado que usted podrá irritarse con el estilo lento de su pareja; por su parte, el 6 puede molestarse con la forma ligera como usted actúa. Toda relación exige un equilibrio, en el cual cada uno ceda un poco. Procure reflexionar mejor acerca de lo que está haciendo, concatenando más las ideas y encontrando un sentido más profundo a su vida: usted tendrá así una actitud más constructiva, absorbiendo el lado positivo de su pareja y estimulándole para que considere su estilo extrovertido como una virtud.

Afinidad

Su gusto por la libertad y la novedad pueden entrar en conflicto con la vida más casera de su pareja. El 6 necesita sentir firmeza en la relación.

Usted es cariñoso, pero no siempre lo demuestra. Su 6 es perfecto para recibir y retribuir tanto afecto. Ustedes pueden ser el complemento uno del otro y tener una vida de intenso intercambio que los lleve a un crecimiento constante. Usted podrá dar más libertad a su pareja, quien le dará a usted mayor sentido de la responsabilidad. Sin dejar que su 6 se apodere de su vida y sin desvirtuar su mente conservadora, ambos lograrán tener una relación envolvente.

Renovación

No espere que su pareja tome iniciativas que busquen huir de la rutina: usted es quien tiene una aptitud nata para inventar y experimentar todo lo que es novedad. Aproveche su don para innovar y atraiga al 6 para que esté junto a usted. Procure realizar actividades más excitantes y que estimulen a su pareja: él o ella, que de por sí es una persona afectuosa, tiene una gran energía escondida y lista para explotar, que podrá llevarles a alturas insospechadas.

5 CON 7
USTED CON LA PERSONA 7

El 7 quiere privacidad y cuenta con el apoyo emocional del 5. El 7... vaya, ¿dónde está? Puede ser que esté a su lado, pero sólo en lo físico. Su mente siempre está viajando. El 7 viaja con la mente y a usted le gusta viajar físicamente. Usted está todo el tiempo en busca de nuevos proyectos, planeando un viaje inolvidable, una aventura, en fin, se halla lejos de la monotonía, y él o ella divagando y buscando encontrar respuestas para las más distintas cuestiones. Pero como usted y el 7 son creativos y curiosos, la investigación de los misterios de la vida y la búsqueda de lo nuevo pueden hacer que ambos se encuentren en el mismo punto y, a partir de ahí, puede comenzar a fluir la relación.

Admiración

En una relación saludable y placentera debe haber un intercambio de energías positivas, y uno de los mayores generadores de vibraciones, que los hace desearse uno al otro, es la admiración mutua, es valorar el modo de ser del otro. Cuente con la intuición y los consejos certeros de la persona 7, que podrá hacer que usted se conozca mejor. Él o ella deberá apreciar su desprendimiento y su creatividad. Si reconocen y procuran beneficiarse de las virtudes de su pareja, nada los detendrá.

Modificación de actitudes

Para conquistar y mantener una relación exitosa con su 7, usted deberá ser paciente con su modo de ser, evitando tomar decisiones precipitadas e impensadas. Él o ella necesita tiempo y camina a una velocidad diferente de la suya. Procure no apresar a una persona tan introspectiva: respete su silencio y trate de compartir algunas de sus preocupaciones. Con la mente más calmada, usted tendrá una actitud más constructiva en relación con su pareja, dialogando más y viviendo en armonía.

Afinidad

Deberán comprenderse uno al otro y usted tendrá una relación gratificante con esta pareja si aprende a relajarse, a reflexionar y a observarle. Pero no deje de ser la persona llena de entusiasmo que usted es: el desafío de cualquier relación consiste en encontrar su punto de equilibrio o acercarse a él. Ambos se interesan por la novedad y repudian cualquier acto autoritario. No deje de estimular al 7 para que viaje… Si actúan así, ustedes podrán realizar muchas actividades diferentes en conjunto y conformar una pareja que no tendrá miedo a probar nuevas experiencias.

Renovación

Incluso para un par que odia la monotonía y la rutina, es preciso estar siempre atento para que la relación no se desgaste. No es difícil que su pareja se aísle de más o que usted no resista las tentaciones de una vida llena de aventuras. Procure unir estos dos mundos, realizando algo totalmente nuevo que los ponga en mayor sintonía. Es hora de que puedan, sin interferencias, dar salida a todo el afecto que puede estar retenido dentro de ustedes. Y si usted necesita tiempo para reflexionar, cuente con el 7.

5 CON 8
USTED CON LA PERSONA 8

5 más 8 es igual a 13, ¿cierto? ¡No, equivocado! El resultado de esta unión puede ser infinito, donde uno complementa al otro. Usted tiene una gran idea y el 8 vibra y piensa que es genial. Él o ella tiene energía, entusiasmo y la capacidad para transformar esas ideas en realidad. Será una búsqueda incansable de progreso, de triunfo y de realización. Un lecho de rosas... ¡no! Usted quiere mayor libertad y el límite que usted considera razonable (si toma en cuenta esa razón) puede estar muy lejos de la tolerancia del 8. A usted le gusta volar, tener sus momentos a solas; en contrapartida, el 8 adora mandar y puede convertirse en un policía de tránsito en la vida de los demás... Pero, 5, piense bien: así es el 8 y usted necesita alguien que ponga en orden su camino. Por eso, no es difícil que usted lo conquiste o restablezca una relación amenazada.

Admiración

Usted deberá admirar la ambición y la perseverancia de la persona 8: él o ella no escatima esfuerzos para lograr sus objetivos; pero, por su parte, su pareja deberá apreciar su mente fértil con ideas diferentes y reconocer que usted es un compañero a quien también le gusta trabajar, pero a su ritmo, que requiere siempre algunos ratos de descanso. En este intercambio de vibraciones positivas orientadas hacia la acción, ustedes pueden apoyarse uno al otro, realizándose tanto afectiva como profesionalmente.

Modificación de actitudes

Así como su pareja quizá quiera imponer límites a sus deseos, igualmente será muy exigente respecto a cualquier asunto en que se involucre: en el trabajo, en la conquista y manutención de sus bienes materiales y en la relación amorosa. Muchas veces se obstina e insiste en sus posiciones, por más absurdas que éstas parezcan. Usted tendrá que administrar sus impulsos, so pena de entrar constantemente en conflicto con la persona 8. Procure pensar antes de hablar: de este modo usted podrá estabilizar sus emociones y su mente actuará en forma más positiva y constructiva en relación con su pareja.

Afinidad

Ustedes pueden formar una buena pareja, en la que usted (observador e intuitivo) genera las ideas permitiendo que la otra parte tenga buenas oportunidades de convertirlas en realidad, pues cuenta con un olfato agudo y mucha perspicacia. Al 8 le gusta estar al mando y tomar las decisiones, lo cual puede hacer que usted se sienta asfixiado, pues no logra vivir sin libertad. Tenga cuidado con que el exceso de euforia se apodere de ustedes: sepan percibir los límites que tienen sus sueños. Si mantienen abierta la mente, tendrán una vida en común interesante y dinámica.

Renovación

El temperamento de su pareja hace que usted se involucre de forma incluso obsesiva en sus ambiciosos proyectos. Esa dedicación podría hacer que usted se apartara de la relación. Procure poner más humor en la vida de esta sesuda persona y haga que se desligue a veces de su mundo de conquistas materiales. Hágale participar en actividades más relajadas, en las que ustedes estén más tiempo juntos, pero nunca se deje anular: para la supervivencia de esta relación, usted no puede limitar su espíritu curioso y dinámico.

5 CON 9

USTED CON LA PERSONA 9

Con el 9, usted puede volar muy alto y alcanzar la estratosfera. Esta persona es sabia, pondera, aconseja... no discute..., aconseja. No impone, ni ordena, sino que detalla. Y bien, es una pareja excelente para usted, ¿no, 5? Eso mismo. Él o ella tiene muchos amigos provenientes de los más distintos lugares y usted, que adora conocer gente nueva, disfrutará de este modo de ser de su pareja. El 9 se maravilla con las novedades y busca siempre un proyecto distinto, como le pasa a usted, quien sabe cuándo su pareja debe poner en práctica su conocimiento para obtener las mayores ventajas. Ustedes realmente pueden hacerse mucho bien no sólo en el amor, sino también en el mundo de los negocios.

Admiración

Usted atrae a esta persona a causa de la importancia que ella da a la novedad y al progreso. A ustedes les gusta enseñar y transmitir sus experiencias; pero esté atento. El 9, a su modo, disfruta al dedicarse a usted: por eso generalmente idealiza una relación y espera que ésta sea exactamente de la forma como la imaginó. Usted encontrará en esta pareja respaldo en los momentos difíciles, mucha comprensión y un deseo sincero de poder ayudar.

Modificación de actitudes

Usted es una persona llena de altos y bajos y tiene cierta tendencia a actuar sin planear. Su pareja es flexible y tiene más paciencia con usted que viceversa; pero no se confíe creyendo que él o ella va a soportar todas sus manías y a aceptar todos sus gritos de libertad, pues para todo hay un límite. Una relación saludable es aquella que se basa en el equilibrio. Procure administrar su inquietud, dando más apoyo a las causas de su pareja, evitando así que ésta pierda el autocontrol y eche todo por la borda.

Afinidad

Ustedes son dos personas muy ligadas al universo que las rodea: el 9, siempre dedicado al prójimo, y usted más inclinado a tener una vida sin muchos compromisos. A pesar de que esta combinación aparentemente sugiere una relación liberal, sin grandes involucramientos, ustedes pueden encajar muy bien: usted crea, inventa, idealiza y su 9 escucha, analiza y aconseja. Juntos pueden generar una unión inamovible, llena de complicidad y amor.

Renovación

La convivencia con una persona paciente y poseedora de un corazón enorme como el 9 puede dar mucha alegría y seguramente convertirá la vida de un 5 en un eterno aprendizaje. Sus nobles ideas le darán a usted otra dimensión de la vida. Pero es preciso estar atento para que su pareja no se dedique demasiado a los demás y haga a un lado la relación. Exigente, él o ella puede frustrarse y sentirse extremadamente descontento por no alcanzar sus objetivos; sin embargo, no espere que el tiempo pruebe que este riesgo existe. Es momento de privilegiar una relación sólo de dos, con más intimidad y sin público.

5 CON 11
USTED CON LA PERSONA 11

Usted adora viajar y prefiere un destino exótico, lejos de los patrones normales. ¿Viajar en un grupo de excursión? Ni pensarlo. Lo inusitado le excita y es un combustible para su vida. ¿Se cruzó con un 11? Entonces usted tiene un pase de abordaje para un viaje hacia un mundo desconocido de idealismo, fantasías y misterios. Apriete su cinturón de seguridad, pues el avión se sacudirá bastante: su pareja tiene una energía nerviosa fuera de lo común y podrá llevarle más allá de lo imaginable. Al fin, usted va a conquistar un mundo interesante y rico en enseñanzas, en un vuelo alto y lleno de emoción. Procure entender la misión de su compañero y aprender con su intuición, a tal grado que usted jamás deseará bajarse de ese avión.

Admiración

Ustedes se gustan; son reconocidos por lo que son y por sus realizaciones; pero una relación exitosa no puede estar a merced de los caprichos de cada uno. Cuando usted entra en un clima de competencia, la unión ingresa en una ruta fatal de colisión. Usted podrá ayudar a su pareja con su creatividad y su carisma y, como le gustan las personas, apreciará mucho el carácter humanitario del 11.

Modificación de actitudes

Su vida inestable puede enloquecer a su pareja. Ustedes dos alternan los altibajos en planos diferentes: él o ella en su humor, afectado por la elevada carga nerviosa que lleva dentro de sí. A su vez, usted verá su humor afligido, por su inquietud y su ansiedad. Eso puede llevarles a estar en diferentes carros de esa montaña rusa que es la vida, pues acostumbran tener emociones dispares. Procure reducir la amplitud de esas variaciones de humor de su pareja, dando un ejemplo de mesura y humildad, elogiándole siempre y, así, creciendo con ella.

Afinidad

Ustedes pueden complementarse y generar una relación de intercambio de conocimientos, en la cual su curiosidad estará todavía más agudizada en función de la inspiración y de la creatividad de su compañero. Usted, que aprende todo con enorme facilidad, podrá desenvolverse muy rápidamente con el 11, y su pareja se sentirá atraída por su magnetismo y al mismo tiempo se beneficiará con su originalidad. Evite criticarle demasiado y a usted le tendrá en su corazón.

Renovación

La inestabilidad en una relación entre dos personas inquietas como usted y el 11 no es una gran sorpresa. A usted le gusta la novedad y él o ella estará siempre a bordo de las más nobles y grandiosas intenciones. ¿Qué tal si de vez en cuando cambian de ruta y se posan en un campo fértil donde ambos se cultiven sin intervenciones ajenas? Para que la relación no se desgaste, es fundamental que cada uno respete el espacio del otro, sin querer sofocar las manías y deseos de su pareja.

Características positivas
responsabilidad
espíritu familiar
justicia – afectividad
don artístico
armonía – belleza
equilibrio

Características negativas
que pueden experimentarse
resentimiento
indecisión – carencia
exigencia excesiva
celos – tendencia a hacerse el mártir

Usted es como un pájaro carpintero: orientado hacia la construcción de una familia llena de armonía, quiere relaciones serias y aprecia la sinceridad y la lealtad; exigente y vanidoso, tiene un sentido estético excepcional y todo lo hace con cuidado y buen gusto. Sin embargo, en el amor no es bueno estar buscando eternamente a la pareja ideal. Usted es una persona afectuosa y tiene gran necesidad de ser siempre "apapachada"; además, es un buen oyente y se dedica por entero a la relación. Dotado de un alto grado de compañerismo, usted procura encontrar una forma de ayudar a su pareja a superar sus dificultades. En la convivencia con otra persona, sea cual fuere la vibración de sus números, usted debe buscar su estabilidad interior, lo cual le permitirá tener un pensamiento más positivo. Así, usted podrá construir una relación armoniosa, superando su tendencia a los celos, a la indecisión y a su propensión a causar problemas en la vida de su pareja.

LAS FRAGANCIAS DEL NÚMERO 6
**Para que lidie mejor con sus tristezas
y viva en armonía con su amor**

Para lograr más armonía en su relación, la persona 6 necesita controlar su tendencia al resentimiento. A partir de estudios acerca del efecto emocional que los aromas y aceites esenciales provocan en las personas, identificamos que alguien con la vibración del número 6 debe usar, de preferencia, fragancias que tengan la acción del ylang-ylang, la cual propicia una sensación satisfactoria, y fragancias que poseen el efecto estabilizador de la vainilla, que provoca un clima de paz.

Ylang-ylang, *Cananga odorata Hook et Thoms.* (fam. *Anonáceas*)
Muchas veces, el más simple deseo no correspondido en una relación hace que las parejas discutan e incluso acaben rompiendo. La ira y la frustración se apoderan de sus emociones, impidiéndoles pensar con calma y poder comprenderse uno al otro. En la diversidad de su territorio, Indonesia, un país con miles de islas, se rindió a las necesidades de la naturaleza y reservó un suelo fértil al cultivo de la "flor de las flores": el ylang-ylang. En las islas de Java y Sumatra se recolectan las flores amarillas, de donde se extrae ese aceite esencial capaz de generar una gran sensación de paz interior, y abre el camino para la conciliación.

Vainilla, *Vanilla planifolia Andrews* (fam. *Orquídeas*)
El resentimiento es uno de los mayores adversarios del amor: va apoderándose de nuestra mente y después asume el control del corazón. Las relaciones terminan por la amargura que se aloja dentro de nosotros, apartándonos de quienes amamos. Pero la naturaleza, otra vez, no nos dejó desamparados: en una lejana isla del Océano Índico encontró un clima y un suelo propicios para expresar su misión de equilibrar los sentimientos de los hombres. Antonie no es un agricultor rico, pero este amable habitante de la isla de Madagascar se enorgullece de su misión: las vainas que recoge, todavía verdes, de la vainilla, una planta trepadora, van a diseminar por el mundo un mensaje de unión, calmando y llevando a las parejas la capacidad para saber perdonar.

6 CON 1
USTED CON LA PERSONA 1

El 1 no necesariamente es un solitario, pero tiene cierta dificultad en convivir con un grupo mayor que una persona... Desde temprano aprendió a caminar solo y no es muy dado a aceptar críticas, incluso aunque sean simples insinuaciones. No se puede negar que es un luchador: incansable, está siempre en busca de novedades... parece que va a huir de sus manos. Usted, más sosegado y orientado a una vida en común o restringida a la familia y a los amigos más próximos, sufre con ese estilo individualista e independiente de su pareja. Y el 1, apresurado, puede atropellar sus sentimientos. Usted cultiva la conquista y el involucramiento debe ser sutil. Si reacciona con celos y quiere controlar de más, la relación tenderá a deteriorarse; pero no se desanime, pues usted tiene una energía muy fuerte centrada en el amor y atrae al 1, que al final no podrá vivir sin su compañía.

Admiración

Su pareja debe apreciar su romanticismo y su dedicación tanto a la familia como a ella. Usted, con su vanidad y su ternura, va a envolverle y dará más serenidad a su vida agitada e inestable. Usted valorará su estilo atrevido y determinado. La pareja 1 deberá traerle más desafíos y mucha vibración, a la vez que podrá abrir nuevas perspectivas a su vida, generalmente centrada en un universo mucho más restringido. Esa valorización mutua dará a esta pareja las condiciones para construir una relación envolvente.

Modificación de actitudes

Pensamiento constructivo: ésta es una de las claves para dar estabilidad a una relación. Usted es celoso y tiende a entrar en conflicto con una persona de espíritu independiente como el 1, quien se podrá sentir controlada y asfixiada por usted, y a partir de ahí la relación entrará en un círculo vicioso tanto interminable como desgastante. La amargura y el resentimiento pueden crear entonces una barrera entre usted y su pareja. Procure tomar menos revancha y hacer menos insinuaciones: entienda que el 1 muchas veces necesita estar solo, lo cual es parte de su personalidad.

Afinidad

Aparentemente, no hay mucha compatibilidad entre usted y el 1. Esta persona es apresurada y a usted le gusta disfrutar cada segundo de su vida. Usted la quiere por entero y no tiene ninguna intención de dividir su atención con otras personas o actividades; por el contrario, el 1 es inquieto y ansioso, está bien donde no está ahora: no para, es incansable... pero toda esa energía, o por lo menos gran parte de ella, puede ser canalizada en una relación placentera. Su desafío es calmarle y despertar en su pareja la conciencia de la importancia de una buena base, es decir, un hogar, un amigo en quien se pueda confiar.

Renovación

La vida siempre necesita oxígeno nuevo. A veces ustedes pueden caer en una insoportable rutina o distanciarse. Por ello, esté atento y busque actividades que involucren a la pareja, en las cuales cada uno tenga un papel bien definido. Usted, que es más romántico, idealice un viaje, un paseo o incluso la participación en una actividad social, con niños, en la que su pareja ponga más los pies en la tierra y aprecie la vida en común y la construcción de una familia sólida y llena de armonía.

6 CON 2
USTED CON LA PERSONA 2

Vivir es estar en armonía con la naturaleza, ¿no, 6? Y convertir cada día en una obra de arte estéticamente perfecta. La ropa, la casa, el carro, el cabello deben estar impecables, pues no hay espacio para nada que esté fuera de lugar. Todo tiene que estar preparado para esa gran fotografía… Su estilo caprichoso entrará en perfecta comunión con la pareja 2, un pacificador inveterado, que no podrá resistirse a sus encantos. Él o ella puede transformar su vida con su loable capacidad para comprender a las otras personas… y, sin duda, entender a alguien muy especial: ¡usted! Mucha conversación, gran intercambio de ideas, en fin, ustedes pueden formar una pareja equilibrada, dotada de un bello espíritu de mutua dedicación.

Admiración

Sin admiración no hay atracción, y ese interés inicial puede deshacerse rápidamente. Usted debe valorar las cosas de la persona 2 y notar su capacidad para apaciguar y para comprender todos los factores de una situación delicada; a su vez, esta pareja deberá apreciar su espíritu de compañerismo, su sentido incomparable del buen gusto.

Modificación de actitudes

Para conquistar a otra persona y mantener viva la relación es necesario tener un pensamiento constructivo, con miras a dar un equilibrio saludable a las diferencias de cada uno. A pesar del clima favorable que existe en la relación con el 2, usted podría odiar la tendencia de su pareja a querer menguar todo conflicto. Celoso, usted quiere más atención y acaba discutiendo, guardando resentimientos y perjudicando su relación. Procure entender que su 2 tiene un deseo de sembrar la paz: no le exija demasiado y sea menos directo al hablar con él o ella, sin utilizar palabras que lastimen a quien le ama.

Afinidad

Ustedes forman una excelente combinación para el amor y hasta pueden hacer buenos negocios. Usted es responsable y estable, y la persona 2 le ayudará a intensificar aún más esas cualidades, ya que es muy solícita y está siempre dispuesta a apoyarle. A su vez, se beneficiará con esta relación: romántica, la persona 2 encontrará en usted a un ser afectuoso y dedicado a la relación y al hogar, que transmite estabilidad y valor. Así, formarán una pareja agradable, comprendiéndose uno al otro y ofreciendo a los demás creatividad, sensibilidad y encanto.

Renovación

La relación entre usted y el 2 tiende a ser llena de armonía y dedicación mutua, lo cual debe ser fácil, pero si existen resentimientos, esto puede generar conflictos interminables. El éxito de la relación está en que cada uno comprenda las necesidades del otro. La persona 2 es romántica y aprecia un plan, un viaje para dos para propiciar un reencuentro, una cena a la luz de las velas, y siempre muchas flores y cartas de amor.

6 CON 3
USTED CON LA PERSONA 3

En la sala palaciega, una enorme multitud se levanta, todos se estiran para ver llegar a la pareja. Usted, impecable como siembre, no se olvidó de ningún detalle. Su pareja, una persona 3, en traje de gala va a arrancar suspiros. Al son de un violín (ah, pido disculpas, 6, no es un simple violín, sino que se trata de un legítimo Stradivarius…) ustedes descienden por las escaleras y son aplaudidos por los invitados. Fotógrafos de todas partes registran este… ¡sueño! ¿Qué, ya acabó? No se ponga triste, 6: la vida puede traer momentos reales de mucha alegría… el gusto por el arte y el placer por hacer el bien va a acercarles, y ésta podrá ser una relación caracterizada por muchas actividades sociales y culturales. A pesar de que usted es más casero, la persona 3 le despertará a este mundo, abriendo muchas puertas y dando un temperamento distinto a su vida.

Admiración

Usted aprecia la belleza y se va a sentir atraído por la vanidad del 3; también es muy afectuoso, intuitivo y vela por su pareja y por la familia. El 3 es comunicativo y sociable y se expresa como nadie: le gusta estar entre las personas. Sus virtudes no sólo le granjean el respeto por dondequiera que pasa, sino también le abren un horizonte de conquista para él o ella y para usted. En esta comunión de admiración, ustedes dos podrán construir una relación alegre, en la que su pareja podrá propiciar para usted un mundo repleto de novedades y de gente interesante.

Modificación de actitudes

Optimista incondicional, en la vida del 3 no cabe el derrotismo, pues todo tiene que estar bien; sin embargo, muchas veces parece inmaduro y no asume las responsabilidades. Usted, con su espíritu crítico y con su voluntad de que todo sea absoluto y justo, puede minar su convivencia con esta pareja. Ambos pueden perder fácilmente el control emocional; por ello, tenga paciencia, no guarde rencor y aproveche la alegría del 3, y poco a poco irá aprendiendo que la vida exige más compromiso y responsabilidad.

Afinidad

A pesar de los conflictos, ustedes dos pueden complementarse porque existe una armonía entre sus deseos. Juntos, apreciarán una vida social más rica. Ustedes son artistas, cada uno a su modo: usted aprecia las artes y la armonía, y el 3 quiere expresar sus valores... le gusta ser "estrella". Ustedes buscan los placeres del mundo, la diversión y la alegría. Usted está siempre atento a sus obligaciones y deberá aprovechar la expansividad de su pareja para que juntos pongan en práctica sus proyectos de vida.

Renovación

Usted, que aprecia la comodidad de una vida casera, aprenderá en esta relación a valorar la importancia de una convivencia social más intensa, sin espacio para la monotonía. Fiestas, viajes en grupo, actividades que involucren a mucha gente… prepárese, pues la persona 3 es incansable; pero todo en la vida exige un equilibrio. Usted deberá programar de vez en cuando actividades que sean *solamente* para dos; en caso contrario, esa vida tan agitada va a convertirse en una rutina… A veces es preciso respirar nuevos aires, tonificar y vivir la vida conyugal sin mucha gente a su alrededor. Un restaurante, misticismo, involucramiento con las artes… ¡Cultívense!

6 CON 4
USTED CON LA PERSONA 4

Usted, persona 6, que gusta de construir su vida sobre bases sólidas, encontrará en esta pareja la honestidad y la lealtad que tanto aprecia. El 4, trabajador, dedicado, se involucra con ahínco en todo lo que hace y, claro, en esta relación también; pero no se salga de la raya con él o ella, pues es detallista y percibe todo con facilidad. Procure no divagar mucho, principalmente cuando le conozca, pues el 4 parece muchas veces estar esposado a su reloj: objetivo y práctico, no aprecia mucho los rodeos. Usted, que es bastante amoroso y servicial, en ocasiones deberá también ser paciente para romper el bloqueo de este sólido reducto de organización y eficiencia. Y usted podrá dar un carácter especial a esta pareja, trayendo novedad a su vida tan bien regulada.

Admiración

En esta relación, la persona 4 actúa con seriedad y el 6 tiene un bello espíritu familiar. Usted tiene cualidades fundamentales para llevar una relación, como el espíritu de compañerismo y justicia: la pareja 4 aprecia a las personas que son así y dará importancia a su modo de ser. A su vez, valore la forma como él o ella se comporta, la seguridad en sus actitudes y su preocupación porque todo sea bien hecho. De esa forma, habrá un permanente respeto mutuo, que garantizará la estabilidad de esta unión.

Modificación de actitudes

La persona 4 no siempre se rinde con la facilidad que a usted le gustaría. Este comportamiento tiene su lado bueno: se trata de un ser humano especial, serio y que será fiel al asumir una relación. Pero en muchas situaciones usted necesitará hacerle abandonar esa actitud de defensa: para romper la seriedad de su pareja, sea más comprensivo y entienda que una actitud más madura puede ser decisiva para consolidar esta relación.

Afinidad

Ustedes forman una pareja estable y se complementan en el quehacer cotidiano. Usted da mucha importancia a sus responsabilidades y obligaciones, en tanto que él o ella le dará respeto y la vida confortable que usted tanto desea. Ambos tienen criterio y son convencionales: hacen lo que piensan que está bien, dentro de los límites, de acuerdo con las reglas. A pesar de que el 4 inicialmente se preocupa más de la seguridad material que de la afectiva, poco a poco usted le transmitirá la importancia de una relación y de formar una familia.

Renovación

Siempre es saludable remozar periódicamente su vida y sus actividades, en conjunto e individualmente. Nunca deje de tener su mundo propio, ni impida que su pareja lo tenga: el intercambio posterior de experiencias es edificante. El 4 se vuelve impaciente si no concreta sus planes, por lo cual deje que los concluya y entonces dele una gran sorpresa que le desligue un poco de sus preocupaciones profesionales. Amar es también mantener encendido el placer de estar junto a la otra persona, y esta experiencia debe enriquecer siempre a los dos mediante nuevas actividades y realizaciones.

6 CON 5
USTED CON LA PERSONA 5

¿Dónde está? Fue a hacer *rafting* en el río... ¿Y ahora dónde? Ah, fue a escalar el monte... ¿Qué, está de vacaciones?, ¿adónde se fue?, ¿a Nueva Zelanda? Puede prepararse, 6, conquistar a una persona 5 y convivir con ella es una tarea que exige mucha paciencia y habilidad. Ciudadano del mundo, adora tener varias actividades al mismo tiempo. Se matricula en un curso de internet, comienza uno intensivo de inglés, ahí descubre que el portugués es importante... pero en esas idas y venidas aparece usted. Hum... ¡una preocupación para esta amante de la libertad! ¿Qué tal una casa en Tahití? Calma, 6, esto sólo fue para que usted se diera una idea de lo que se le presentará más adelante. A la persona 5 le gusta volar, pero llegará el momento en que descubrirá la importancia de una relación seria, profunda y duradera. Y de eso usted entiende, ¿no?

Admiración

Ejercer la fascinación sobre el compañero es la piedra fundamental de una relación sólida y saludable, pero entienda: éste es un camino de dos vías. Donde hay admiración, hay respeto y sinceridad... Nada conseguirá sacudir una relación en la que ambos tengan estos sentimientos. La persona 5 tiene una enorme facilidad para aprender lo que le enseñan. Usted, que sueña despierto, tendrá en esta pareja el camino para convertir sus sueños en realidad. No se aflija ante la gran energía que irradia este 5... usted tiene la intuición y la amistad sincera que él o ella tanto necesita.

Modificación de actitudes

Encantador, el 5 va a darle trabajo. No, no actúa con maldad, pero atrae a otros, principalmente del sexo opuesto. Listo... se disparó la alarma de los celos, ¿no, 6? Esta pareja tarda en asumir un compromiso más serio, lo que hará que usted se violente. Bastarán entonces algunas actitudes vulgares... y será el caos. Es tiempo de trabajar el autocontrol y dominar su instinto crítico y su voluntad de ser el gestor de la vida de su pareja, procurando no sofocarla con un exceso de atención y preocupación.

Afinidad

Usted, que lucha bastante en busca de la perfección, equilibrará las acciones de su pareja, dando más sentido a su vida y llevándole a concretar lo que comienza. Usted mostrará qué tan importante es formar una familia en la realización de una persona; al final, una vida excesivamente cargada de aventuras y placeres pasajeros no lleva a ningún lado. Ese engrane que hay entre ustedes será consolidado con el encanto y la vitalidad del 5.

Renovación

En la vida en común con una persona 5, rutina es algo que no existirá. Incansable, él o ella siempre buscará realizar actividades en las cuales inevitablemente usted tomará parte. En este caso, renovar es romper de vez en cuando ese ritmo alucinante... y sobre todo encontrar momentos de mayor serenidad, en los que ambos salgan del tumulto diario. Es hacer algo que los haga crecer juntos. ¿Qué tal construir un nido de amor, una cabaña rústica en el campo, llena de arte y antigüedades en un ambiente a media luz?

6 CON 6
USTED CON LA PERSONA 6

Usted encontró a alguien parecido a usted: otra persona 6. Compañera, tiene su mismo estilo, su misma actitud ante la vida, llena de manías. Qué bueno… pero su aguda percepción, su espíritu detallista, su obsesión por la estética y por su aspecto harán que en poco tiempo lleguen a una conclusión: sus espíritus críticos podrían hacer que perciban uno en el otro detalles insoportables que los apartarán… Para que la relación de dos personas con muchas semejanzas no se debilite, será necesario tener mucha paciencia y dedicación mutuas; sin embargo, en el fondo ambos presentan un gran potencial para construir un hogar y una familia, y sueñan con eso. Tanto las actitudes críticas como las excesivas indirectas deberán ceder su lugar a proyectos comunes. En la renovación constante por medio de actividades que los desafíen, que los unan, ustedes podrán edificar una relación más armoniosa y placentera.

Admiración

Por más parecidos que sean ambos, deberán existir algunos detalles (y ustedes son buenos para percibirlos) en los que la relación no ceda a una competencia desenfrenada, sino que dé lugar a un espíritu de admiración, de respeto mutuos. Él o ella tendrá sugerencias y comentarios que podrán mejorar aún más lo que usted esté haciendo. Y su pareja 6 deberá percibir, entender que usted sólo quiere ayudarle a crecer, así como captar que usted tiene siempre una crítica *constructiva* que hacer. ¿No es así, 6?

Modificación de actitudes

Más que sólo imaginar, es preciso adoptar actitudes positivas con miras a realizar sus objetivos. Ser optimista en la vida es también despojarse de un sentido crítico agudizado, en especial en lo tocante a la persona que usted quiere conquistar. Ustedes idealizan a su compañero y por eso se vuelven muy exigentes: quieren atención amplia, total e irrestricta y acostumbran guardar resentimientos. Procure reequilibrar ese juego de fuerzas, aprendiendo a perdonar y dando el primer ejemplo.

Afinidad

Pero ¿es que no se fija?, ¿cómo puede su pareja ser así? Uno puede querer ser mejor que el otro y no contenerse en corregir las faltas de su compañero. Usted acabará interfiriendo (o queriendo interferir) demasiado en la vida de él o de ella, así como se volverá muy posesivo y autoritario. La buena relación de esta pareja dependerá de un estímulo positivo constante, en ambas direcciones. Si superan estos detalles… ambos formarán un par alegre, lleno de energía y afecto para intercambiar.

Renovación

Ustedes se preocupan y pueden involucrarse demasiado en los problemas ajenos, en especial de familiares, poniendo en jaque a la relación y desalentando la vida en común. Vivirán juntos por inercia o porque tienen hijos, una casa… en fin, olvidarán la verdadera razón que los unió: el amor. Ustedes deben buscar constantemente realizaciones y proyectos desafiantes, que impliquen nuevas motivaciones. Trabajos comunitarios (en un club, bazar, organización social), artes, una casa bien decorada y llena de amigos. Y no se olviden de los gestos y actitudes cotidianas más simples: canten juntos, paseen con las manos unidas…

6 CON 7
USTED CON LA PERSONA 7

Usted comienza a contar lo que le pasó con… y el 7 está pensando. Usted entonces quiere hablar de aquella… pero el 7 continúa reflexionando. Usted quiere hablar, aunque él o ella quiere silencio. ¿Una sesión de mímica podría resolver este problema? No, la cuestión es otra. El 7 percibe todo lo que ocurre con usted. Posee una percepción muy grande y necesita tiempo para profundizar en sus descubrimientos, para llegar a sus conclusiones: quiere sentir el viento, las hojas que pisa a lo largo del camino... Existen varios estadios entre lo que usted comunica y la respuesta que va a dar el 7. La relación entre usted y la persona 7 requiere mucha comprensión, pues, a pesar de haber una atracción inicial, el mundo misterioso del 7 puede dejar a una persona celosa como usted confusa e insegura.

Admiración

Usted es una persona cuyo buen gusto encanta. Su sentido de observación y su intuición son loables y fueron decisivos para lo que usted ha logrado hasta ahora. La persona 7, desligada del mundo exterior, deberá apreciar ese modo de ser. Él o ella necesita personas que le den un sentido, que le lleven de nuevo a la realidad; por otro lado, sus mundos interiores están llenos de una riqueza espiritual, que le llevará a usted a ser más flexible y a seguir por la vida sin muchos resentimientos.

Modificación de actitudes

La aproximación y la conquista de una persona 7, así como la convivencia con ella, exigirán de usted una doble dosis de paciencia. El espíritu detallista y exigente de su pareja, por más ponderado que sea, podrá hacer que usted se muestre inconforme al punto de poner en riesgo una relación que podría dar resultado. Como a usted le gusta tener todo bien claro, no interprete equivocadamente a su 7: él o ella necesita muchas veces estar a solas. Así, no guarde resentimientos a causa del modo introspectivo de su pareja, y procure evitar hablar mal de otros, pues el 7 detesta el chismorreo.

Afinidad

La comunicación implica el acto de decir: "mira que estoy aquí", así como el acto de pedir: "escucha lo que quiero decir". Si en toda relación el diálogo es fundamental, en la unión entre usted y una persona 7 es cuestión de vida o muerte. Usted, que ama y desea con vehemencia ser amado, puede guardar resentimientos. El 7, contemplativo y desligado del mundo, puede cerrarse aún más, acumulando amarguras y convirtiéndole en el villano de su mundo interior. Generalmente, usted está concentrado en las preocupaciones de la familia y su 7 tiende a voltearse hacia sí mismo. Por ello, usted debe atraer a esta pareja hacia la convivencia, mostrándole la belleza del hogar y la riqueza de una vida en común.

Renovación

Procure llevar a su 7 al mundo exterior, atrayéndole hacia la realidad y la realización de objetivos comunes. En este sentido, renovación es aquí sinónimo de reactivación del canal de comunicación entre ustedes. Y muchas veces eso significa desconectarse de lo cotidiano y buscar un lugar o incluso una actividad en la que ustedes tengan la oportunidad de expresar sus sentimientos: la naturaleza, la música, una casa de campo, un fin de semana en un bungalow...

6 CON 8
USTED CON LA PERSONA 8

Luz verde para una buena relación. Usted, creativo y afectuoso, ilumina el camino de este compañero obstinado y ambicioso. En una relación sincera y sin atajos, podrán superar juntos las barreras que la vida impone, construyendo una familia unida, cimentada en los principios de ética y de justicia. Ustedes dan gran importancia a la carrera profesional; sin embargo, la persona 8 puede traspasar los límites en su entusiasmo, al preocuparse exageradamente por la conquista de bienes materiales y al olvidar los valores más importantes de la vida en común. En esas situaciones, usted deberá ser el punto de equilibrio, para frenar este ímpetu y estabilizar nuevamente la relación.

Admiración

Si valoran a su pareja, ambos compañeros dispersarán menos energía y crecerán juntos, apoyándose uno al otro y enorgulleciéndose de lo que la pareja hace y de sus triunfos. Es así como puede y debe ser la unión entre usted y una persona 8. Él o ella apreciará su preocupación por la belleza, por estar siempre impecable y contará con su intuición y con su espíritu familiar. A su vez, usted encontrará en su 8 la persistencia y la ambición que con frecuencia le hacen falta.

Modificación de actitudes

Adoptar una actitud positiva ante la vida es tan importante como respirar. Si usted quiere derrota, eso tendrá; si quiere indiferencia, la sufrirá. La mente obedece. Usted tiende a ser "bocón", queriendo hablar de más y controlar a su pareja. Y la persona 8, muchas veces autoritaria, puede sentirse invadida e irritada con ese comportamiento. Es tiempo de buscar un punto de equilibrio en la relación, donde ambos puedan estar más próximos. Procure evitar las dosis exageradas de celos y su propensión a dar demasiados consejos.

Afinidad

Ustedes forman una unión perfectamente compatible. La persona 8 es el líder y encontrará en usted la estabilidad que necesita. Usted, que busca y lucha por formar un hogar armonioso, dará equilibrio y el apoyo necesario mediante su afecto y sus gestos de amor y cariño. El sentido del deber y de responsabilidad de su 8 podrá orientarle, ayudándole a alcanzar sus objetivos personales y materiales, y haciéndole disfrutar de una vida sin grandes sustos ni preocupaciones en lo tocante a la fidelidad de su pareja y a la falta de recursos materiales.

Renovación

La relación entre usted y el 8 está marcada por una considerable estabilidad, pero esa constancia puede convertirse poco a poco en una tediosa monotonía, que ponga en riesgo todo aquello que ustedes planearon y construyeron juntos. Elegantes, ambos aprecian el buen gusto y todo lo que es fino. Procuren hacer viajes relámpagos, pues al 8 no le gusta apartarse mucho tiempo de sus quehaceres, aunque apreciará una buena sorpresa. Reabastezcan también a sus espíritus, participando en actividades artísticas. ¿Ustedes ya pasearon por un parque o un bosque tomados de la mano?

6 CON 9
USTED CON LA PERSONA 9

Podría ocurrir una relación de gran involucramiento. Ustedes son afectuosos y tienen todas las condiciones para llevar una vida sin grandes sobresaltos. La tendencia del 6 al romanticismo y a los asuntos del corazón hace que construya un patrón respecto a sus parejas. Usted, 6, realmente quiere ser un amante devoto, quiere casarse y tener un hogar y un hijo. La persona 9, llena de sabiduría, puede enseñar y aconsejar… exactamente lo que a usted más le gusta. Así, ambos pueden formar una pareja sintonizada en causas humanitarias y en la dedicación mutua, que les conducirá a una relación basada en la bondad y la sinceridad.

Admiración

No será difícil para usted despertar el interés y la admiración de la persona 9, con su sinceridad y su compañerismo. Él o ella apreciará también su toque de clase en todo lo que hace. Le gusta escucharle y estará siempre en disposición de dialogar y de dar sugerencias. Si le hace críticas, éstas serán constructivas y no llegarán a enojarle; a su vez, usted apreciará su sensibilidad y su lealtad. El desapego a los bienes materiales y el espíritu de solidaridad serán otras de las virtudes de la persona 9 que colmarán su corazón.

Modificación de actitudes

La conquista y la convivencia con una persona 9 no tiende a ser muy espinosa para usted; pero ciertas manifestaciones negativas, características de la energía de su número, pueden a veces poner en riesgo todo su empeño e incluso todo lo que haya sido construido. A pesar de que el 9 es muy tolerante y perdona con cierta facilidad, la posesividad, los celos y la tendencia a dar demasiadas sugerencias pueden obstaculizar esta relación. Procure entender la noble misión de su pareja y no exija su atención exclusiva.

Afinidad

El compañerismo entre el 6 y el 9 puede generar mucha felicidad. Ambos son conciliadores y siembran paz por donde pasan, a la vez que mantendrán siempre un diálogo abierto y un rico intercambio de ideas: el profundo sentido psíquico del 9 abrirá la mente de usted. Por su parte, sólo debe refrenar su instinto crítico y evitar cualquier comportamiento vengativo, actitud que sería altamente condenada por una persona 9. Entienda que usted ocupa un lugar privilegiado en el corazón de su 9, pero que al mismo tiempo su pareja siempre se dedicará a otras cosas también.

Renovación

Esta relación se halla repleta de momentos felices, en común y con otras personas. Como el 9 tiene una inclinación muy grande a dedicarse, a veces demasiado, a los demás, pudiendo dejar a su familia un poco de lado, es bueno que usted, sin sacarle totalmente de esta rica convivencia, le lleve a realizar actividades en que ambos estén más solos, fortaleciendo y estrechando la relación. La solidaridad es una de las más nobles virtudes del ser humano, pero su pareja debe aprender que el amor comienza por casa, en el hogar: éste debe ser el punto de partida y de llegada para cualquier persona.

6 CON 11
USTED CON LA PERSONA 11

¡Atención, atención, atención…! Calma, no es ninguna advertencia. En el fondo, atención es lo que a usted le gusta recibir de una pareja, ¿no, 6? Un elogio para su ropa, su carro o una actividad realizada con éxito. Un incentivo a la dedicación que usted pone al hogar y al trabajo. Sensible, vanidoso y exigente, usted quiere una pareja que lo llene de cariño, cortesía y atención. El 11 es un serio candidato a llenar estos requisitos, pues nació para servir, a la vez que tiene una aguda espiritualidad, mucha intuición y se realiza cuando ayuda a otras personas. En una relación afectiva entre la persona 6 y la 11, ésta se entregará y procurará agradarle en todas las situaciones. Muy intuitiva, percibirá que a usted no le gusta algo, incluso aunque no diga nada. Pero no abuse de la paciencia del 11, pues su energía nerviosa oscila mucho y podría golpearle de frente con sus exigencias.

Admiración

El intercambio de cariño y de gentileza afianzará esta relación. Usted necesita una persona sensible y preocupada con las cuestiones humanitarias como el 11, y lo aprecia; a su vez, él o ella valorará su belleza exterior e interior. Aprecia también la armonía que usted produce a su alrededor, así como su preocupación por la justicia. Caprichoso, usted está siempre impecable, fascinando a su compañero(a).

Modificación de actitudes

Su pareja es siempre gentil con usted, pero muchas veces impredecible. Cuando menos se lo espere, se enoja con algo que le contrarió. A veces, algo que no tiene mucha importancia para usted, una simple crítica, le deja extremadamente alterado(a); pero usted también tiene sus momentos de flaqueza, pues el 11 atrae mucha atención por sus realizaciones y no es raro que sea famoso. Los celos serán un campo fértil para las amarguras:

procure no exigir mucho a su pareja, de tal modo que administre sus exigencias y suavice el pesado control que le gustaría ejercer sobre su vida. Esto hará que usted entienda mejor a su 11 y que puedan vivir bien, sin grandes conflictos.

Afinidad

A pesar de esos focos de conflicto, ustedes tienen personalidades que normalmente se complementan. Ambos se preocupan por los demás, en especial por la familia y los amigos. El 11 se relaciona con los otros mediante el interés por la religión, la ciencia o las artes (teatro, música, oratoria). Determinado y perseverante, afronta y supera desafíos; mientras tanto, usted, en la retaguardia, da el apoyo y la base para que ambos construyan un mundo más justo y lleno de amor.

Renovación

Usted muchas veces se conforma con una vida más casera. ¡Atención! La persona 11 odia una vida sin sal, no soporta esa comidita repetitiva. En vez de arroz con frijoles, quiere una buena paella; es creativo y está dotado de un pensamiento orientado a grandes realizaciones, así como odia conversar sobre chismes y banalidades. Por lo tanto, no deje que la rutina mine esta relación. Procure dar más acción a sus vidas, con actividades en las cuales su 11 pueda transformar o cambiar el curso de los acontecimientos.

7

Características positivas
espiritualidad
discreción – sabiduría
intuición – fuerza mental
refinamiento – reflexión
observación

Características negativas
que pueden experimentarse
introspección excesiva
antisociabilidad
soledad
exigencia
demasiada crítica

Usted es la Luna; inspira, apasiona, envuelve y hace a alguien soñar... con usted. Sabio, tiene una fuerza espiritual capaz de superar los mayores obstáculos; su fe y su intuición le hacen un consejero excepcional; a usted le gustan las personas cultas y preparadas y no soporta la superficialidad; aprecia a quienes tienen algo que enseñar y enriquecer su vida. Introspectivo por naturaleza, le gusta analizar y profundizar en los misterios de la vida. Usted confía en sí mismo y es disciplinado. Discreto, sabe guardar secretos y disfruta al participar en obras humanitarias. En el fondo, usted quiere confiar en su pareja. Mas, al actuar así, usted tiende a ser demasiado selectivo y puede perder una buena oportunidad de tener una relación más feliz. Procure involucrarse un poco más, exigiendo menos de su pareja y abriendo más su corazón. Si confía más, usted podrá superar su tendencia a la soledad y su dificultad para afrontar las críticas.

LAS FRAGANCIAS DEL NÚMERO 7
Para que usted abra su corazón

Para lograr más armonía en su relación, la persona 7 debe superar su tendencia a la introspección. A partir de estudios acerca del efecto emocional que los aromas y los aceites esenciales provocan en las personas, identificamos que alguien con la vibración del número 7 deberá usar, de preferencia, fragancias que tengan la acción del cedro, el cual promueve el relajamiento y facilita la reflexión, y fragancias que posean el efecto animador de la bergamota.

Cedro, *Juniperus Virginiana L.* (fam. *Pináceas*)
Algunas personas se meten demasiado en sus pensamientos y, confusas, ni siquiera consiguen simpatizar con aquellos a quienes aman y están cerca. La naturaleza, pródiga, nos obsequió un aceite esencial que da a las personas con vibración del número 7 mayor relajamiento y capacidad de reflexión, para que así se abran y perciban a quien las ama. De las hojas del cedro, un pequeño árbol conífero, se extrae uno de los más antiguos aceites esenciales. Símbolo del Líbano, el cedro puede encontrarse hoy en Estados Unidos y es utilizado extensamente debido a sus propiedades sedantes, además de auxiliar en el combate de la ansiedad y la tensión nerviosa.

Bergamota, *Citrus bergamia Risso* (fam. *Rutáceas*)
Una persona 7 muchas veces está al lado de quien ama… pero sólo en lo físico. Su mente puede estar a miles de kilómetros de distancia, en un mundo de pensamientos. Introspectivos, estos seres acaban por apartarse de quienes deberían estar más próximos, en el corazón y en la mente. La bergamota es una fruta cítrica producida en el sur de Italia y en el norte de África, pero en su jugo no está su mayor secreto: en su cáscara, la naturaleza guardó un aceite esencial capaz de traer el equilibrio y el entusiasmo a aquellas personas 7 que, como usted, muchas veces pierden el contacto con el presente, sumergiéndose en pensamientos infinitos.

7 CON 1
USTED CON LA PERSONA 1

Usted es individualista y solitario… y la persona 1 no es muy diferente… La vida la ha hecho así: rara vez puede él o ella contar con una mano que la ampare en los momentos más difíciles: tuvo que aprender a decidir y a trazar su propio camino. He ahí por qué la pareja 1 posee una mente muy creativa: tiene soluciones e ideas para todo; nada le asusta y disfruta de la novedad. Sin embargo, sincera y honesta, no le gusta depender de los demás. Usted viaja hacia adentro, mientras que el 1 lo hace hacia fuera. ¿Qué hacer entonces? El desafío de esta relación y su papel es fundir estos dos mundos, o por lo menos ponerlos en contacto uno con otro. Usted procurando aprender con las experiencias acumuladas por el 1, y él o ella aprendiendo a ponderar más sus actitudes.

Admiración

Su agitada pareja deberá valorarle por su sabiduría, sus maneras refinadas y su gran capacidad de análisis. Con su intuición, usted podrá ayudarle a orientar mejor sus acciones; por otro lado, la experiencia de vida y valor del 1 serán decisivas para que usted se suelte más y enfrente sin miedo al rechazo ese mundo exterior que parece muy amenazador, pero que no lo es.

Modificación de actitudes

Ustedes son dos personas reservadas, que aparentemente no necesitan de nadie para resolver sus problemas. Tenga más paciencia con el carácter inventivo e inquieto de la persona 1 y muestre disponibilidad a las necesidades de su pareja. Procure expresar mejor sus puntos de vista y sentimientos, compartiendo sus dudas y dando sugerencias: sus observaciones son muy pertinentes.

Afinidad

Éste es un punto difícil de tratar cuando están involucradas dos personas muy individualistas; pero procure olvidar los puntos de divergencia y concentrar la energía donde sus personalidades y deseos pueden cruzarse. Ustedes pueden complementarse: cuando es necesario frenar a esa pareja impulsiva, evitando un desastre que ella, distraída, no consigue prever, usted analiza. Cuando es preciso ser más agresivo y dar el primer paso, su pareja puede darle a usted un empujón. Esta combinación de temperamentos puede generar una relación de grandes realizaciones.

Renovación

La rutina es un mal que ataca cualquier relación. Por más agitada que sea la vida de una pareja, la renovación es siempre bienvenida. Ustedes aprecian la buena música, una comida bien hecha… a su pareja le gusta, en especial, la acción, el movimiento, las aventuras, las novedades… ¿qué tal, entonces, procurar huir un poco de lo cotidiano y hacer juntos algo inusitado? Ciertamente, el 1 no pensará mal y ambos se van a divertir. Si fuera un viaje, deje los libros en casa y aproveche para hacer de su vida un libro más abierto… para su ser amado.

7 CON 2
USTED CON LA PERSONA 2

Un viaje… a bordo de un navío que vaga a la deriva de sus pensamientos. Pocas serán las tempestades en ese su mundo interior, que fue creado para satisfacerle. 7, ¿no podrá naufragar un día su búsqueda de placer en una gran desilusión?, ¿no estará a su lado, mucho más cerca que ese lugar adonde sus pensamientos le conducen, una persona llena de afecto y comprensión? En la sonrisa sincera de esta persona 2, usted recibirá una visa permanente para la realidad y para los triunfos más palpables: viaje hacia un mundo más presente, con frustraciones y realizaciones, que justifiquen el pasaporte que usted obtuvo de Él al nacer. De acuerdo: la persona 2 podrá incluso estar con las maletas listas, en espera de embarcarse en este viaje...

Admiración

A usted le gusta reflexionar, cuestionar todo lo que aprende y lo que ve, pero ¿realmente está usted aprendiendo y viendo? Usted ya se dio cuenta de que la persona 2 es compañera, romántica y con una paciencia capaz de superar las mayores dificultades. Desde luego, él o ella apreciará ese rico mundo interior suyo y su gran fuerza espiritual: con toda esa inmensa fuerza espiritual, con toda esa gran capacidad perceptiva, usted da buenos consejos y puede mejorar la vida de quienes le rodean, en especial la de su pareja.

Modificación de actitudes

Para conquistar a una persona y vivir en armonía con ella, es fundamental que esté usted en paz consigo mismo. La persona 2 es paciente, pero necesita mucho más afecto del que usted acostumbra dar. Procure ser menos introspectivo, dispensando más atención y consideración a su pareja; tóquela físicamente y rompa esa barrera de silencio que muchas veces enfría la relación.

Afinidad

A usted le gusta refugiarse en su mundo de reflexión y contemplación, lo cual molesta al 2, pues es romántico, sensible y quiere recibir atención. ¿Conflicto a la vista? Sí, ustedes son muy cautelosos en sus movimientos y tardan en cambiar el curso de sus caminos. No es preciso contratar un helicóptero y tirar kilos de rosas a su pareja, pero el diálogo (sí, diálogo y no monólogo: ¡escuche!) y la amistad son factores decisivos para que tengan una relación exitosa y que haga crecer a los dos.

Renovación

Esta relación necesita de vez en cuando una buena dosis de ánimo. A usted le gusta distinguirse de otras personas, apartándose, y el 2 aprecia socializar. Como su pareja es una persona que disfruta del galanteo y el romanticismo, nada mejor que las sorpresas, como invitaciones inesperadas para una cena para dos o regalos que simbolicen la fuerza de una unión: una declaración de amor estampada en una pequeña tarjeta puede valer más que un caro reloj de pulsera…

7 CON 3
USTED CON LA PERSONA 3

Hum, qué persona tan interesante es la 3, pero habla un poco de más… Gente como ella tiene buen humor, aunque a veces llega a ser inconveniente. Qué alegre es, ah, pero parece que se ríe de todo… También es maleable, aun cuando en el fondo es como las otras. Oiga, 7, usted tiene ahora en su vida una persona 3: no pasó mucho tiempo y ahí está usted, encontrándole defectos. No existe nadie perfecto, porque si existiese, eso ya sería un gran defecto: las personas deben complementarse, intercambiar conocimientos, necesitan unas de otras para crecer… ésa es la esencia de la vida. Usted podrá encontrar en la persona 3 la llave para habitar un mundo más relajado, donde habrá mucha más alegría de vivir.

Admiración

Para calentar una relación y mantenerla intensa es preciso despertar la admiración y el respeto de uno por el otro; pero esto no puede ir muy lejos cuando uno se cree superior, o juzga que todo lo que hace es más o menos importante que lo realizado por su pareja. En esta relación, usted deberá aprender a valorar la alegría y la gran capacidad de expresión de su 3, que podrá ayudarle a dar más dinamismo a sus ideas. Al mismo tiempo, usted necesita saber apreciarse, mostrando a su pareja que muchas veces es esencial saber parar y concentrarse en asunto más importantes.

Modificación de actitudes

Optimista por naturaleza, el 3 contagia a todos con su enorme voluntad de vivir, pues no le gustan las personas derrotistas o cerradas. Usted tiende a aislarse en sus pensamientos y no acepta críticas, por más constructivas que sean. Usted profundiza en todas las cuestiones y no le gusta conversar acerca de cosas ligeras, mientras que su pareja es superficial y adora hablar. Procure ser menos introspectivo, al expresar sus sentimientos; en caso contrario, usted intrigará a su pareja y hará que esté cada vez más distante.

Afinidad

Es una combinación de intercambio, de crecimiento mutuo y continuo, siempre que ambos quieran y cedan un poco. Usted acumula muchos conocimientos, le gusta investigar y estudiar, posee una gran capacidad intuitiva y está siempre en busca de la perfección; a su vez el 3, con todo su entusiasmo, podrá ayudarle a aumentar su energía y vitalidad, así como a comunicar sus ideas. Con él o ella, usted aprenderá a ser menos racional, menos selectivo y exigente, mientras que su pareja canalizará mejor su energía hacia lo que es realmente importante.

Renovación

A pesar de que ustedes forman una relación que siempre se está renovando, en función del perfil de cada uno, usted puede no querer acompañar siempre a su relajada pareja. En una relación madura, no hay nada que temer: déjele disfrutar a sus amigos y participar en eventos. No quiera que el 3 se quede preso en su mundo interior, 7; por otro lado, procure demostrarle que usted también necesita tener sus momentos de reflexión y búsqueda interior. Es fundamental que cada uno acepte el espacio del otro y refuerce siempre la relación con algunas novedades.

7 CON 4
USTED CON LA PERSONA 4

La vida tiene sus encantos: el trabajo, innumerables desafíos; los sueños de una familia, de un hogar, de una sociedad más justa, las personas que pasan, las personas que sonríen, el pájaro que se posó en su ventana... un mundo infinito de pensamientos, ideas, soluciones... 7; por ello, es preciso organizar mejor todo eso, ¿no? Se debe dar un sentido más realista a sus divagaciones, así como definir un horizonte, saber adónde quiere uno llegar. Es preciso, entonces, planear mejor sus acciones, para que todo ese mundo interior, tan rico, se convierta en algo concreto. Si una persona 4 surgió en su vida, usted podría haber encontrado el camino para organizar sus pensamientos y construir una relación plena y duradera.

Admiración

La relación entre dos personas tan diferentes como usted y el 4 puede propiciar una convivencia rica en intercambio de experiencias. Esas diferencias pueden generar una fuerte atracción. Usted tiene una gran capacidad para analizar y para profundizar en todos los asuntos, en tanto que él o ella admira su habilidad para llegar a la cima en todas las actividades. Así, el 4 se ve alentado a arriesgar, a progresar; a su vez, esta pareja posee el sentido de objetividad y el espíritu práctico del que usted carece.

Modificación de actitudes

Usted, como toda persona 7, tiene una gran fuerza mental. ¿Qué tal si la utiliza para concretar algo que pueda cambiar efectivamente su vida? Nuestra mente es poderosa, abre caminos, rompe barreras aparentemente infranqueables, pero muchas veces usted se deja abatir por las críticas de su pareja. Procure aprovechar el sentido de la realidad que él o ella da a su vida, alejándose menos y cultivando más su presencia.

Afinidad

El 4 es pura razón y lógica. Usted posee un gran sentido de espiritualidad y busca lo místico. Él o ella se apega más a todo lo que es concreto y material, pero usted desprecia el tiempo, aunque él o ella lo reverencia. ¿Habrá alguna afinidad en esta relación? Ciertamente: ustedes son caseros, serios y les gusta asumir compromisos. Ambos se complementan y forman una buena pareja en la cual usted analiza y el 4 ejecuta. Así, podrán formar una familia, un hogar y hasta un negocio conjunto. Ideas, disciplina y voluntad es algo que no les faltará.

Renovación

La relación con una persona 4 exige que usted esté siempre creando actividades que suavicen un poco su enorme propensión a trabajar. El asunto está en las comidas y en el trabajo: en el almuerzo, en el café de la mañana, en la parrillada del fin de semana. Su pareja narra con entusiasmo sus actividades profesionales, o se lamenta, y mucho, cuando algo no da resultado. No le deje comprar siempre durante los días festivos (adora hacer eso), resolver algo urgente el sábado o cubrir la ausencia de un socio. Programe un viaje a cualquier lugar donde no pueda encontrarse a ese socio ni a un compañero de trabajo. Procuren sacar sus emociones y no dejen de divertirse, con lo cual fortalecerán su relación.

7 CON 5
USTED CON LA PERSONA 5

El bote desciende a gran velocidad por los rápidos del río Colorado, arrastrado por las aguas, que dan un espectáculo de suspenso, desviando la embarcación a cada instante de un choque fatal con las piedras. Los remeros son meros rehenes de la naturaleza, en una jornada que mezcla excitación y aprensión. Y usted, en compañía de una persona 5, asiste a la escena desde un lugar privilegiado. Ambos flotan en el aire en sus paracaídas... ¡Paracaídas! ¡Socorro! Usted despierta gritando: ¡era un sueño o, mejor, una pesadilla! Una persona 5 entró en su vida, pero ¿será realmente una pesadilla?, ¿no será que su vida contemplativa necesita experiencias más osadas? Más que en un paracaídas, una relación con la persona 5 es un vuelo más libre, un grito de libertad contra las ataduras que la vida muchas veces impone. El punto principal que debe trabajarse en esta relación es conseguir que cada uno tenga su tiempo y no quiera asfixiar a su compañero.

Admiración

La persona 5 acostumbra ejercer cierta fascinación sobre los demás, tiene una fuerte sexualidad y es exótica. El 5 le estimula a usted, 7: alegre y creativo, cuenta sus historias con tanto entusiasmo que envuelve; a su vez, a él o a ella le gusta su aire refinado y altivo, y se sentirá atraído por sus ínfulas misteriosas. Valorar a la pareja es tan importante para una relación como la sangre para la vida. Para dos seres con espíritus tan independientes como usted y la persona 5, el interés y el respeto por el espacio del otro son una cuestión de supervivencia.

Modificación de actitudes

Muchas veces, la persona 5 tiende a ser impaciente, inestable e indecisa. Usted será el pie de la balanza, pues, si dependiera exclusivamente de ella, esta relación estaría condenada al fracaso. Y si usted adopta una postura introspectiva, distanciándose del mundo, la relación terminará. Procure mostrar todos los lados de una cuestión y haga que el 5 entienda que una vida en común es mucho más gratificante que un vuelo solitario en busca de placeres pasajeros.

Afinidad

Toda combinación entre dos personas que aman la libertad y el derecho a ir y venir como ustedes necesita que cada uno ceda un poco. Usted tiene su mundo de ideas y le gusta convivir con personas que hablen un lenguaje parecido al suyo. Mientras que usted viaja en su mundo interior, el 5 lo hace en el mundo exterior; pero toda esa energía y disposición del 5, sus experiencias allá afuera, pueden contribuir mucho a su crecimiento, 7. Y usted podrá ayudarle a encarar la vida con más seriedad y disciplina.

Renovación

Una relación entre dos personas tan diferentes como usted y su 5 debe estar acompañada de mucha comprensión y tolerancia. Así, 7, no quiera controlar demasiado a su pareja, pues al 5 le gusta la libertad y las aventuras: déjele disfrutar y, siempre que pueda, participe en sus "locuras". Estimúlele mental y físicamente: realice actividades que faciliten que ambos investiguen, analicen, conozcan y aprendan juntos.

7 CON 6
USTED CON LA PERSONA 6

Esta relación puede simbolizar a los proverbiales tres o, mejor, cuatro monos... uno no habla, otro no escucha, otro no ve y el otro... no abre su corazón. Usted, persona 7, le gusta reflexionar sobre todo: su carrera, las personas que están a su alrededor y los candidatos... que se hallan en la sala de espera de su corazón. Surgió entonces una persona 6. Óptimo, va a comenzar la evaluación de este paciente; sin embargo, tenga cuidado... con su calma, se va a volver un "impaciente". Y como este 6 también acostumbra estar centrado en su mundo profesional o en las preocupaciones por el bienestar de la familia, si están juntos podrían tener muchos conflictos. Pero, 7, quítese la venda de los ojos y vea cómo esta pareja 6 es vanidosa y disfruta de la belleza; quítese las manos de los oídos y escuche su voz amigable y solidaria; quítese las manos de la boca y comience a hablar sobre usted... Luego, sus manos dejarán también de cubrir su corazón y podrá florecer una hermosa relación basada en el diálogo.

Admiración

Admirar es querer observar a la pareja y escuchar con interés lo que ella ha de enseñar. Saque todo lo que usted siente, todo que ha reflexionado a lo largo de estos años: su pareja apreciará sus consejos y confiará en usted. Es un buen compañero, afectuoso y justo. Su sensibilidad artística puede mostrarle un nuevo mundo del que usted estaba alejado. Déjese aproximar: él o ella valorará sus descubrimientos, que son fruto de todo el conocimiento acumulado a lo largo de su vida. En una relación en la cual existe admiración mutua, hay respeto, crecimiento conjunto... complicidad y amor.

Modificación de actitudes

Iniciar el diálogo es mantenerlo vivo en el transcurso de la relación: éste es su desafío. Usted no es muy introvertido y a la persona 6 le gusta dar opiniones... sugerencias que a usted le parecen propuestas descabelladas. Usted acaba por sentirse asfixiado. Necesita sentirse amado y deseado para salir del encierro; sin embargo, no expresa sus sentimientos tanto como quisiera su 6. Procure dar más apertura a su pareja, hable sobre sus inseguridades, dudas y ansiedades... Las barreras caerán y usted tendrá una relación seria.

Afinidad

Entre usted y el 6 hay dificultad de aproximación y de involucramiento desde el principio. En una relación es fundamental que desarrollen desde el comienzo el hábito saludable de decir al otro lo que a cada uno le gusta, lo que no aprecia, aprendiendo a colocar en la mesa sus diferencias: ¡encuentren los puntos que tienen en común! Nunca lo deje para después. Actuando así, ustedes tendrán grandes oportunidades de construir una vida llena de alegría, pues descubrirán que se complementan en muchos sentidos.

Renovación

La vida de una pareja formada por dos seres con personalidades distintas como ustedes exige una constante búsqueda de empatía. Por ello, procure serenar los ánimos y encontrar un lugar adecuado para reconsiderar sus expectativas respecto al otro. La superación de conflictos y la lucha por mantener ardiendo esta relación podrán ser encontradas en acciones conjuntas, en actividades de tipo social: éstas harán de sus diferencias problemas insignificantes ante el gran amor que existe dentro de ustedes.

7 CON 7
USTED CON LA PERSONA 7

Bien, vamos a tomar la iniciativa, sino esta página quedará en blanco. Hay un amor reprimido muy grande, pero ninguno habla. El silencio de sus pensamientos infinitos apaga cualquier posibilidad de aproximación. Ustedes son parecidos en el arte de la reflexión y de la contemplación. A pesar de tener una gran comunicación telepática, sin palabras, necesitan mostrar apertura en el diálogo y descubrir que tienen mucho que decir, que escuchar y que aprender con el otro. Poseen una capacidad única de sacar provecho de lo que estudiaron y experimentaron: eso es sabiduría. Buenos consejeros, ambos pueden desarrollar una relación sincera, muy rica en intercambio de energía y afecto.

Admiración

La admiración sólo podría ser más desarrollada si ustedes realmente abrieran sus corazones y no sólo comenzaran a decir lo que piensan, sino también escucharan con interés lo que su pareja tenga que decir. No se quede esperando a que el otro empiece: usted tome la delantera y ambos conseguirán construir una relación de intercambio que los llevará a estar más en armonía con la realidad y el mundo exterior. Uno tiene mucho que enseñar al otro (a intercambiar ideas y todo aquello que aprendieron) acerca de los misterios de la vida, la filosofía y la religión. Éste es su punto de atracción y admiración.

Modificación de actitudes

A ustedes no les gusta escuchar lo que otros tienen que decir. ¡Y si fuese una crítica, bueno, es el fin del mundo! Es necesario estar en armonía, en equilibrio, dispuestos a ceder un poco, por lo cual no se quede esperando, sino ¡entre en acción! Procure hablar, verbalizar sus sentimientos, intercambiar ideas con su pareja, para acercarse a ella y poner los pies en la tierra, adquiriendo una visión más realista y concreta del mundo.

Afinidad

En el plano profesional, ustedes tendrían mucha dificultad para formar una pareja exitosa. No acostumbran fijarse en cuestiones financieras, ninguno tiene esa ambición; pero en el plano sentimental, si se abren uno al otro, será posible vislumbrar una relación de gran cooperación y crecimiento continuo. Sin embargo, deben tener cuidado para no caer en la tentación de estar cada uno por su lado, viviendo en su propio mundo y olvidándose del otro, algo que es común a ambos.

Renovación

Ustedes son dos personas voladoras, desligadas del mundo por naturaleza. Es determinante que usted procure incansablemente mantener la armonía con su pareja. Como ustedes dos tienen un elevado espíritu de compasión, no tendrán dificultad en involucrarse en acciones comunitarias, especialmente las orientadas hacia las personas menos afortunadas: el amor al prójimo volverá a acercarles, pues podrán descubrir que sus diferencias son insignificantes ante las privaciones que la vida impone a muchos de sus semejantes. A su vez, las conversaciones en lugares tranquilos, frente a una catarata, un lago o el mar también estimulan el intercambio de ideas y de energía...

7 CON 8
USTED CON LA PERSONA 8

Usted tiene una imaginación fértil, posee una voluntad enorme de ponerla en práctica; pero le cuesta, pues no logra abrirse al mundo exterior. En verdad, usted tiene mucha energía reprimida. Mucho amor para dar, listo para vaciarlo en el mar. ¿Mar? ¡No, océano! Sí; si surgió en su vida una persona 8, ya puede prepararse: ambición no le falta. Toda esa sabiduría suya, su espiritualidad, en fin, todo lo que usted aprendió y guardó dentro de su mente encontrará, en esta obstinada persona 8, el camino para su efectiva concretización. Lógicamente, no todo será un mar o, mejor, un océano de rosas... Ustedes poseen personalidades conflictuantes y, para descubrir que estas diferencias pueden unirlos, tendrán que abrirse.

Admiración

La admiración es el motor que hará que esta relación camine; pero para que esto ocurra, no puede ser unilateral. Usted es ponderado y calmado, mientras que su pareja es agitada y ambiciosa; actúa con vigor, lo cual le hace sentirse viva. Usted apreciará su perseverancia, determinación y capacidad para concentrarse en un tema. El 8 valorará su capacidad de observación, de analizar todo y su preocupación por los detalles. Ustedes tienen que sentirse realizados y dispuestos a escuchar, a observar al otro. Así, lograrán construir una pareja repleta de realizaciones.

Modificación de actitudes

La admiración es el motor que le hará... Es obstinado; sí, muy obstinado. Su paciencia respecto a una persona 8 deberá ser tan grande como la ambición que ésta tiene, no sólo porque él o ella es así: usted tampoco es flor que se huela, sino que su actitud de reflexión y silencio profundo entra en conflicto fácilmente con esta pareja. Sea cuidadoso(a), pues él o ella tiene el pabilo corto: se enciende rápido. Procure aprovechar el sentido práctico y más concreto de su pareja, dialogue más y ábrase a toda su energía y determinación.

Afinidad

Usted es una persona tranquila, que logra ordenar mejor los pensamientos, con lo cual consigue analizar y contribuir a que la persona 8 no se precipite y disperse su gran energía. A su vez, usted será estimulado ampliamente por la energía de poder que acompaña a su 8. Él o ella podrá propiciar una vida más refinada y usted, siempre elegante, aprecia todo lo que es bueno. Si superan o administran estas diferencias, ustedes conseguirán hacerse crecer mucho uno al otro y formarán una unión victoriosa.

Renovación

El desafío de mantener una relación entre dos personas diferentes es cuidar que el punto de convergencia entre ellas esté siempre vivo, dando mucho espacio para que se manifiesten los conflictos potenciales. Usted debe manejar esa obsesión de su pareja por el poder. Su ambición es saludable sólo hasta cierto punto. Usted logrará mantener o rescatar la atracción, el interés que uno alimenta por el otro, y brindar más espiritualidad a su pareja. Involúcrele en actividades de tipo social, donde pueda, con su intuición y eficiencia, y descubra que hacer la felicidad del prójimo es una de las grandes riquezas de un ser humano.

7 CON 9
USTED CON LA PERSONA 9

Sabiduría es la sensibilidad que una persona posee para poner en práctica lo que va aprendiendo durante su vida. Muchos tienen gran dificultad en aprovechar lo que estudian, los consejos que reciben y las experiencias que viven; pero los sabios, como usted y la persona 9, no; además de toda esa capacidad, ustedes están dotados de una gran espiritualidad. A pesar de que la persona 9 se dedica mucho más a la relación que usted, 7, más desligada e independiente, ustedes pueden formar una bella pareja. Ambos compartirán sus experiencias intuitivas: el 9 tiene un don especial y le comprenderá como nadie. Prepárese para una vida repleta de armonía y paz, en la que ambos estarán constantemente en busca del crecimiento interior.

Admiración

A ustedes les gusta filosofar con la intención de aprender, de estar siempre creciendo, en especial desde el punto de vista espiritual. Uno apreciará en el otro la sabiduría y el gran potencial que tiene para enseñar. Usted estará más interesado en su desarrollo personal, pero aprenderá con la persona 9 a dedicar gran parte de esa energía reprimida en pro de obras importantes y de la felicidad de la pareja también.

Modificación de actitudes

Acepta con menos resistencia que su pareja el hecho de ser dos personas semejantes, lo cual no significa que usted está ante una vida sin dificultad alguna. Procure controlar su introspección y aceptar los cuestionamientos de su pareja, que está dedicada a la relación y tiene las mejores intenciones... sólo quiere su bien.

Afinidad

Ustedes forman una unión perfectamente compatible. En esta comunión de energía y sabiduría, usted aprenderá con su pareja a apreciar las ventajas de llevar una vida más dedicada a la felicidad de otras personas, pero tenga cuidado en no convertir sus vidas en un mundo de fantasías. Por su parte, deberá hacer que su pareja aprenda a dosificar su espíritu grandioso y humanitario, para que no se olvide de la relación ni de la familia, pues muchas veces él o ella se entusiasma demasiado y se pone incluso en segundo plano.

Renovación

Usted y la persona 9 tienen un potencial enorme de vivir siempre aprendiendo uno con el otro; es una relación rica en intercambio de experiencias y de conocimiento. Esa paz hará que tengan una convivencia pacífica. Su desafío, 7, es no cerrarse demasiado y no dejar que su pareja se abra extremadamente a los demás. Relación es equilibrio y, si ambos se apartaran, usted hacia su mundo interior y él o ella dándose en demasía a sus causas, usted debería procurar una actividad que los pusiera más en armonía. Los viajes y los cursos que los hagan conocer el mundo harán que se unan, pues es lo que más les gusta hacer: investigar y analizar, conociendo lugares y personas interesantes.

7 CON 11

USTED CON LA PERSONA 11

Por un lado, está su mundo, repleto de ideas y pensamientos sobre todas las cuestiones existenciales; por el otro, el mundo del 11, igualmente cargado de un gran idealismo. En medio de ustedes, un río de diferencias inunda sus mentes y puede congelar la relación. ¿Cómo unirlos? Entre usted y su pareja 11 puede haber un puente construido en el interés común por asuntos filosóficos, espirituales o místicos. Las cuestiones materiales no acostumbran atraerles mucho, pero ambos, juntos, deben tomar conciencia de que soñar es saludable, mas tiene un límite. Para construir una relación con bases sólidas, es fundamental también atarse al momento presente y comprender lo que es una unión afectiva: es despertar, escuchar sus palabras, mirar su sonrisa y, así, comenzar a sentir una gran pasión… Sin eso, la vida no tiene sentido y las aguas de aquel río acabarán ahogándolos en un mundo de egoísmo y soledad.

Admiración

Su pareja necesita su capacidad para transmitir paz y serenidad a su vida, porque tiene una fuerte energía nerviosa y un humor que oscila mucho; así, él o ella apreciará su conocimiento y su espíritu de ponderación, que tanto le calman; por su parte, usted valorará la capacidad de pensamiento más incluyente y toda la determinación y la energía que posee el 11. Si ponen los pies sobre la tierra, ambos podrán tener una vida llena de dedicación e imbuida de los más nobles objetivos.

Modificación de actitudes

Aquel puente que puede unirlos no vendrá del cielo, como una dádiva divina, sino que debe ser construido, y alguien tendrá que dar el primer paso. Ustedes tienen la materia prima para hacer esa obra, pero la acción y la actitud son fundamentales para su realización. Como ambos son muy exigentes y tienden a centrarse en sus ideas, pueden tener dificultad para compartir sus experiencias, en cuyo caso usted, 7, debe comenzar a lanzar... o, mejor, a colocar la primera piedra de ese puente, procurando romper su excesiva introspección y sacando sus aprehensiones y sus deseos.

Afinidad

Debido al carácter inquieto de su pareja, usted, que es una persona más tranquila, podrá tener conflictos constantes, pero hay un punto más significativo que puede acercarles: usted puede ser la estabilidad y la ponderación decisivas para que el impetuoso 11 no atropelle todo lo que encuentre en su camino. Usted podrá dar los consejos y la serenidad que él o ella tanto necesita para alcanzar sus propósitos o redireccionar sus acciones de manera más realista; a su vez, el 11 influirá en su vida más contemplativa, rica en pensamientos, pero muchas veces sin acción.

Renovación

La convivencia con el 11 está necesariamente cargada de mucho movimiento y novedad, porque él o ella no se conforma con poco, sino siempre quiere más. Usted ya es adepto a una vida más estable; no obstante, ambos tienen una mente curiosa y les gusta aprender. Y ahí pueden encontrar espacio para estrechar la relación. A pesar de ser una persona muy activa, el 11 puede disfrutar de un retiro zen o de un viaje que los lleve a descifrar misterios.

Características positivas
ambición – organización
eficiencia
autoconfianza
liderazgo – estrategia
vitalidad

Características negativas
que pueden experimentarse
autoritarismo
obstinación
intolerancia
materialismo
impaciencia

*U*sted tiene el poder del león. Seguro y decidido, anhela grandes conquistas. Energía no le falta: al actuar con una inagotable perseverancia, usted supera cualquier obstáculo. Organizado y lleno de vigor, para usted el cielo es el límite.

Eficiente y determinado, usted tiende a concentrar su energía en actividades que generen grandes recompensas materiales, prestigio y el reconocimiento de todos, tanto en el ámbito profesional como en el personal.

Conquistar un amor es un desafío en el cual a usted le gusta sentirse poderoso y dueño de la situación. Aunque ello está bien y usted se valora y exhibe sus triunfos, todo tiene límites: procure ser más humilde y menos autoritario, aceptando las opiniones de su pareja. Crezca junto con ella y sean (así, en plural) felices.

LAS FRAGANCIAS DEL NÚMERO 8
Para que usted supere el autoritarismo
y viva un amor del tamaño del mundo

Para lograr más armonía en su relación, la persona 8 necesita controlar su postura autoritaria, que no permite considerar y escuchar a quien ama. A partir de estudios acerca del efecto emocional que los aromas y los aceites esenciales provocan en las personas, identificamos que alguien con la vibración del número 8 debe usar, de preferencia, fragancias que tengan la acción del *petit-grain*, el cual disminuye la irritabilidad y favorece la comprensión, y fragancias con las propiedades del eucalipto, que disminuye el estrés y aclara la mente.

Petit-grain, *Citrus amara L.* (fam. *Rutáceas*)
Los amores son destruidos por la falta de comprensión, por la incapacidad de entender lo que el compañero desea en el fondo. Usted, 8, muchas veces es autoritario y tiene una dificultad seria para aceptar el punto de vista de los demás, especialmente de su pareja; pero la naturaleza siempre parece ayudarnos a equilibrar nuestra vida, nuestras emociones. Josephine tiene en su corazón más que el *glamour* de los franceses; tiene una gran responsabilidad: en sus tierras crecen los naranjos de cuyas hojas se extrae un aceite esencial que serena los ánimos y da estabilidad y comprensión para que una persona pueda superar sus actitudes dictatoriales: el *petit-grain*.

Eucalipto, *Eucalyptus globulus Labill.* (fam. *Mirtáceas*)
La obsesión por el trabajo y el estrés generado por los compromisos del mundo profesional pueden apagar la llama de una relación otrora ardiente. Usted, 8, que llega a ser un trabajador compulsivo, cuando menos lo espere descubrirá que su involucramiento con el mundo material y su ambición desgastaron su relación. Es preciso controlar el estrés y aliviar toda esa carga emocional. En Australia, los aborígenes han utilizado desde hace mucho el poder curativo de las hojas del eucalipto, cuyos árboles llegan a alcanzar los 140 metros de altura. De ahí, los ingleses difundieron en el mundo el uso de este aceite esencial: refrescante, el eucalipto da nuevos ánimos a su vida afectiva.

8 CON 1
USTED CON LA PERSONA 1

A usted le gusta tener un control total sobre su vida, de manera que nada puede salirse de sus planes. Muchas veces usted discute sólo para mostrar cuán poderoso es: el trabajo, la carrera, la relación con su familia, los amigos, las actividades deportivas, el amor... pero ¿se pueden planear los sentimientos? Usted puede intentarlo, mas no lo va a conseguir. ¿Es 1 su pareja? Use un borrador para hacer algunos ajustes en el rumbo: su planteamiento estará sujeto a cambios. El 1 será considerado un mandón, un sabelotodo, un dueño de la verdad... Tal vez sea exagerado de su parte, pero en el fondo él o ella se parece a usted: tiene sus ideas y quiere que éstas prevalezcan. Deténgase a pensar, comience a analizar y vea que si ustedes dos llegaran a un acuerdo y unieran sus fuerzas, podrían llegar muy lejos, pues tienen la determinación y la energía para eso.

Admiración

Su espíritu de lucha y su capacidad para poner orden en la casa y dar un sentido más objetivo a la vida deberán imbuir a su pareja, que carece de sentido práctico para el tumulto de ideas que tiene, lo cual le lleva a desperdiciar sus energías. Por otro lado, usted deberá valorar el fuerte carácter y la determinación del 1. Usted, a quien no le gustan los imprevistos y tiene serias dificultades para enfrentarlos, encontrará en esta pareja una habilidad especial para enfrentar problemas que están fuera de sus planes. Esta relación podrá ser una unión poderosa, capaz de llevarles a volar muy alto, pues no les falta ambición...

Modificación de actitudes

Uno de los secretos para que una relación dé resultado y transforme la vida en común en una experiencia enriquecedora consiste en adoptar una actitud más constructiva. El 1 es impaciente y muchas veces quiere imponer su punto de vista. Para que ustedes estén en armonía y haya un intercambio positivo, ninguno de los dos puede considerarse el jefe de la relación: usted, 8, procure controlar sus impulsos autoritarios, para lo cual dialogue y busque soluciones conciliatorias para todas las desavenencias que pudieran surgir.

Afinidad

Procure explorar los puntos de convergencia que tienen usted y la persona 1. Ustedes se estimulan mentalmente, lo que puede ser decisivo en una relación entre personas con un alto grado de exigencia en lo tocante a sus desempeños y, lógicamente, a la pareja. Uno debe apoyar al otro y ser un pilar de sustentación en los momentos más difíciles. Con la fuerza de ambos orientada a los mismos objetivos, ustedes podrán llevar una vida repleta de realizaciones.

Renovación

Ustedes deben buscar actividades que los aparten de vez en cuando de la rutina diaria; así, ambos tendrán más oportunidades de estar más cerca uno del otro. Como ustedes tienen energía de sobra, ¿por qué no hacer un deporte que los una? Pero tenga cuidado en no jugar en lados diferentes... y si están en el mismo equipo, ¡nada de culpar al otro por su falla! Sin embargo, no deje de dar espacio a la pareja 1 para que tenga sus momentos y sus actividades. Acepte que su 1 domine a veces la situación: usted disminuirá su estado de alerta y se relajará.

8 CON 2
USTED CON LA PERSONA 2

¿Quiere poner en marcha un gran proyecto?, ¿quiere alcanzar una meta considerada imposible?, ¿disputa una competencia deportiva importante? En fin, usted está siempre en busca de grandes conquistas: ambicioso y audaz, su energía le compele a volar cada vez más alto. Pero siempre existirá el riesgo de que un punto aparentemente insignificante perjudique su empresa; siempre habrá algún conflicto que necesite un espíritu mediador. En su mundo de conquistas infinitas habrá un gran espacio para una persona 2, quien encajará perfectamente en su vida. Le hará observar mejor todos los ángulos de cada desafío, ayudándole a afinar desavenencias, incentivándole y... echándole porras.

Admiración

Seguramente su pareja se enorgullecerá de su ánimo decidido y de su espíritu de lucha. Elogios no van a faltarle, pero no se olvide de elogiarle usted también, quien deberá apreciar la responsabilidad de su pareja. Vea cómo es capaz de abrir sus ojos y, si fuera necesario, salir en su defensa y apaciguar las dificultades que surgieran. Este apoyo y este cariño que el 2 le da valen más que un mundo de realizaciones: su pareja puede ser el camino seguro para su felicidad.

Modificación de actitudes

Confiado y optimista, usted camina siempre con pasos firmes en dirección a un objetivo. A su lado, la persona 2 seguramente ayudará a abrir las puertas con mucho más facilidad, pues tiene gran sensibilidad; sin embargo, ahí reside el área principal de conflicto en esta relación. Muchas veces usted, con su estilo "agresivo", puede acabar pasando por encima de su melindrosa pareja, quien podrá sentirse asfixiada con su manera de actuar. Es tiempo de encontrar un equilibrio en la relación: escuche más a su 2, sea menos ríspido(a) con él, entienda sus posiciones y verá que en el fondo éstas encajan en sus necesidades y le ayudarán a vencer.

Afinidad

La persona 8 es emprendedora y no escatima esfuerzos para realizar sus deseos; además, su valor y dinamismo le llevan hacia delante; a su vez, la persona 2 ofrecerá asistencia y colaboración. Pero cuide de no pasar por encima de ella con sus exigencias y su intolerancia respecto a errores y sugerencias que usted considera fuera de lugar. Su pareja acostumbra estar abierta al diálogo, pero es muy emotiva. Transmita a su 2 la fuerza y la energía que necesita y será compensado con dedicación y generosidad.

Renovación

Usted podrá involucrarse demasiado con las exigencias y compromisos que surgen en su camino. La conquista, la victoria, la superación de un desafío… todo eso puede poner a la relación en un segundo plano. Si usted no es de hierro, mucho menos su pareja. Ambos necesitan salir de esta carrera, de ese ritmo muchas veces alucinante, y tener tiempo para cultivar la relación. El 2 es romántico y adora una sorpresa que venga del fondo de su corazón, pues le encanta realizar una actividad entre dos, en la que haya más espacio para una relación más intensa.

8 CON 3
USTED CON LA PERSONA 3

Usted es un luchador que nació para triunfar; su dinamismo y ambición le colocan en el podio de los campeones y en los titulares de los periódicos como un empresario exitoso. No hay lugar para la derrota, pero en su camino usted podrá necesitar a alguien para volver el ambiente social más receptivo a sus ideas y a sus proyectos. La persona 3 dará un toque especial de alegría a su vida y, si se trata de celebrar un triunfo, deje todo a cargo del 3: preparará una fiesta inolvidable. Optimista y exuberante, posee una intensa energía y usted contará con un canal apropiado para aceptar toda esa fuerza que tiene su pareja.

Admiración

Acción, movimiento; no existe calma en los mares por donde navega este par. Usted y la persona 3 poseen mucha energía y no dejan de usarla; ambos tienen personalidades vibrantes y por eso se atraen. No quiera que él o ella piense que usted es lo máximo. Amar es dejar ir cualquier sentimiento de superioridad sobre la pareja, y el 3 tiene muchas cualidades. Eximio en el arte de comunicarse, es creativo y optimista, así como una excelente compañía.

Modificación de actitudes

La vida exige que adoptemos una postura positiva ante nuestros problemas; así, el optimista ve en un problema una oportunidad, mientras que el pesimista lo ve como una señal de que todo saldrá mal. Es innecesario decir quién obtiene los mejores resultados. Usted, 8, tiene una capacidad única para tomar decisiones rápidas: es ágil y cree en lo que hace; además, tiende a ser un vencedor. Pero nada se hace solo y usted debe ser más comprensivo y menos autoritario; no actúe en forma ruda ni grosera y aprenda a compartir sus logros y decisiones.

Afinidad

Ustedes forman una pareja con mucha energía y alegría. Tendrán una vida repleta de grandes emociones, en la cual no habrá lugar para el desánimo. Como ustedes se complementan, no será muy difícil manejar los eventuales conflictos que aparecerán. Usted da al 3 una base estable y él o ella puede ampliar sus perspectivas con su creatividad. El 3 llena la vida del 8 con música, alegría, drama y emoción. Si actúan con complicidad, ambos llegarán lejos y tendrán mucho que festejar, asunto en el cual su pareja es experta.

Renovación

La renovación en una relación es también importante para que la llama de la atracción se mantenga encendida. Cuando dos personas como usted y el 3 están juntas, es difícil hablar de monotonía; a veces, necesitarán encontrar momentos que los saquen de esa carrera enloquecedora que es el quehacer cotidiano. Desaparezcan del mapa de repente y, de preferencia, en un lugar lejano. Una fiesta inolvidable… con sólo dos invitados. Diga… ¡Huyo! o, mejor, ¡huimos!

8 CON 4
USTED CON LA PERSONA 4

Es la comunión de las mentes eficientes, la unión en pro de un proyecto o de un negocio bien hecho, la evaluación minuciosa de los detalles y la planeación de las acciones. Es trabajo, mucho trabajo. Si usted y la persona 4 están obsesionados por sus carreras y por el éxito en el plano material, ¿habrá en sus planes espacio para un involucramiento afectivo más intenso? Ciertamente, serán buenos socios o buenos compañeros dentro de la misma empresa. ¿Y buenos amantes?, ¿será el amor apenas un detalle en esa marcha rumbo a la realización profesional? Usted, que es siempre una fuente fértil con grandiosas ideas, podrá contagiar a su pareja con su energía y decisión, haciéndole más confiada. Esta relación… ¡tiene que ser trabajada! Vaya, palabra mágica: sí, ambos deberán descubrir que la vida no sólo es éxito personal, sino también debe tener un lastre afectivo para valer la pena y que los dos puedan construir una pareja amorosa y exitosa.

Admiración

No será difícil que la admiración florezca entre usted y la persona 4: se ponen de acuerdo, trabajan con dedicación y les gusta que todo esté bien. Usted está dotado de la capacidad de evaluar una situación y elegir el mejor rumbo para sus negocios, mientras que él o ella no deja escapar los detalles y tiene un espíritu muy práctico. Ambos son muy perseverantes para alcanzar la meta, el objetivo final. La admiración surgida en el plano material deberá migrar hacia el lado emocional, y ambos podrán ver que estas cualidades propiciarán la construcción de una relación sólida y sincera.

Modificación de actitudes

¿Qué tal utilizar su energía y su fuerza mental en la conquista de una hermosa relación afectiva? No basta con conquistar el mundo... sino también es preciso ser conquistado por él. Abra su corazón y conseguirá conquistar a la persona 4, quien, leal y honesta, se verá envuelta por su determinación, dinamismo y ambición. Procure controlar el autoritarismo, manejando su obstinación y falta de paciencia para tratar a una pareja propensa a la crítica.

Afinidad

100% o 0%. El espíritu exigente del 4 combina con el suyo, pero esta afinidad aparente puede conducir a una relación desastrosa. Meticuloso al extremo y rehén del tiempo, el 4 no acostumbra admitir ningún desliz en su pareja. Usted, involucrado con sus proyectos, puede golpear de frente a su pareja, quien no tiene mucha habilidad para manejar esto. Bien, éste es el lado malo; pero el sentido de organización y planeación que ustedes tienen puede ser canalizado en la construcción de una relación seria, en la cual ambos vivan buenos momentos por contabilizar, y en el balance de su vida podrán tener un resultado feliz.

Renovación

Uno viaja por negocios y el otro tiene una conferencia de ventas. Es que surgió una feria especializada... Seminarios, *e-mails*, conferencias, *e-mails*, simposios y más *e-mails*, talleres de trabajo, ¡epa!, 97 *e-mails*. ¡Ya! Desconecte el celular, la laptop, la PC, todo: desconéctese de este mundo monótonamente sin rutina... Conéctese a su relación: programen un viaje, huyan sin decir a nadie dónde van. Ah, lleven un buen aparato de sonido y dejen el reloj en casa... Es hora de encender sus corazones y darse todo el tiempo que se merecen.

8 CON 5
USTED CON LA PERSONA 5

6:00 h: despertar; 6:30 h: natación; 8:00 h: trabajo; 12:00 h: curso de inglés; 13:00 h: almuerzo; 14:00 h: curso de internet para la compañía; 18:00 h: curso de portugués; 20:30 h: grupo de debates sobre numerología; 23:00 h: cenar. ¡Válgame! Sólo con intentar organizar la vida del 5, elaborando su agenda, usted acabará agotado. La persona 5 realiza o desea realizar muchas actividades. Tiene energía de sobra, pero no siempre determinación, y organización menos aún. Es incansable y no le gustan los controles ni las reglas. ¿Dónde está la agenda que usted compró y que minuciosamente preparó para su 5? Puede incluso ser de tapas de piel, con la marca de un Giorgio Armani y un marcador forrado de oro. Se convertirá en un buen adorno para su cuarto, pero él o ella se acordará de usted... 8, no se estrese mucho con esta pareja; si no, al final del año ganará un bello presente del amigo secreto (oculto) de esta persona... una camisa de fuerza. Y bordado en ella, claro... el número 8.

Admiración

En este choque de energías, en el cual usted tiene gran vitalidad y su pareja posee mucha sexualidad, podrá surgir una intensa pasión. Usted apreciará su creatividad y buen humor, que le relajan, mientras que él o ella valorará su determinación y espíritu de organización. Ustedes pueden formar un par lleno de vida, creciendo lado a lado, en un rico intercambio de energías.

Modificación de actitudes

¡Calma! Conquistar al sensual 5 y convivir con él exigirá, de una persona sistemática como usted, una monumental dosis de paciencia. Usted podrá confundirse con la inconstancia y la velocidad de su pareja. Realmente, su manera clara y objetiva de conducir su vida no encontrará mucho eco en el mundo del 5. Baje la guardia, dé menos órdenes y disfrute más las locuras de su pareja. Si actúan así, ustedes llegarán a un punto de equilibrio que permitirá que la relación fluya deliciosamente...

Afinidad

¿Un choque de virtudes?, ¿o un choque de defectos?, ¿una chispa que encenderá el fuego de la pasión que los electrocutará a ambos? Esta relación debe ser infundida con el espíritu de colaboración. Usted aprecia el espíritu de orden que, bien dosificado, será importante para la vida de su pareja. Si no asfixia a la persona 5, ella, que aprende todo con rapidez, podrá después beneficiarse de su espíritu de liderazgo. Usted debe acostumbrarse al modo explosivo e impulsivo de su 5, a la vez que su magnetismo personal va a atraer a mucha gente. Ustedes podrán tener una relación excitante, en la que cada día aprenderán uno del otro.

Renovación

La monotonía no se lleva con una persona 5, ni la regularidad. Ella siempre está cambiando... La relación entre ustedes dos siempre generará experiencias nuevas, pero a veces estas diferencias pueden caminar en sentido contrario. Es tiempo de reconciliación, de renovación, de poner nuevamente sus vidas en la misma dirección. Olvídese un poco del trabajo, dedique un tiempo más exclusivo a su pareja, tome la iniciativa y ceda un poco. ¿Qué tal hacer algo inusitado? Busque una actividad social en la que ambos escapen al quehacer cotidiano y puedan estar más sintonizados uno con el otro.

8 CON 6
USTED CON LA PERSONA 6

Victorias, títulos, trofeos, medallas, récords, titulares en el periódico, promoción, premios, honra al mérito, comentarios destacados en la prensa, personalidad del año, persona con gran visión, usted es un campeón... Ahora puede correr para que le abrace... ¿Quién?, ¿nadie?, ¿tiene usted una pareja para compartir sus conquistas? ¡Una persona 6! ¡Entonces considérese afortunado! Su vida podrá pasar a tener mucho más sentido. Una conquista en su ambicioso mundo real o aunque sea de sueños debe ser un medio, no un fin. Sí, el mayor sentido de su vida, con el 6, será formar una familia. Usted, que es muy decidido, obtendrá de esta pareja la motivación más noble, el lastre que dignificará mucho más su trayectoria.

Admiración

En la relación entre usted y la persona 6 puede surgir, aparentemente, una enorme brecha entre su ambición y grandiosidad, y el rico, hermoso y simple mundo de esa pareja. Usted no debe caer en el error de creer que su vida profesional es mucho más importante y no dar valor a la capacidad que tiene su pareja para formar una familia y protegerla. Leal y afectiva, la persona 6 admirará su determinación y voluntad de triunfar; pero necesita sentirse, de manera sincera, valorada en lo que hace, pues es muy vanidosa y procura llevar a cabo todo con cuidado y dedicación.

Modificación de actitudes

Usted no escatima esfuerzos para alcanzar sus objetivos, y la mayor ambición de una persona 6 es formar una familia unida. Busca relaciones sólidas y sincera, pero su personalidad, muchas veces indecisa e idealista acerca del amor perfecto, presenta un considerable potencial de conflicto con una persona como usted, obstinada y de poca paciencia, pero con los pies en la tierra. Es preciso encontrar un punto de equilibrio en esta relación; por ello, procure ser menos mandón y ceda más ante el afectuoso 6: preste más atención a sus necesidades, tenga más contacto físico y dígale siempre, mirando el fondo de sus ojos, por qué es tan importante en su vida.

Afinidad

En la relación con la pareja 6, los papeles tienden a quedar bien definidos: usted tiene objetivos más claros y, con su energía, va a luchar sin temer a ningún obstáculo, mientras que su pareja deberá conciliar el entusiasmo y el poder que absorbe de usted, con las responsabilidades que tiene con su familia. Él o ella le puede proporcionar un ambiente tranquilo y equilibrado. En suma, su 6 da las ideas y usted dirige, pero deben tener cuidado con los resentimientos mutuos y el exceso de exigencia que cada uno puede poner en el otro.

Renovación

La convivencia con una persona 6 puede caer en la rutina; usted debe aproximarse un poco más a la comodidad del hogar y cultivar la vida en común. Organice una reforma de la casa y construya algo en conjunto con esta persona, que posee un gusto impecable. Sea menos apresurado en su relación y haga preliminares, con besos y mucho más afecto: su pareja quiere cariño.

8 CON 7
USTED CON LA PERSONA 7

Hay un mundo sin fronteras esperando por usted. En él, usted supera los obstáculos sin dificultades, lucha y realiza sus sueños, y su energía le impulsa rumbo a nuevas conquistas. Estamos hablando de una persona como usted, ¿no es así, 8? Casi: sólo existe un pequeño detalle, que es el mundo interior de una persona 7. El suyo es exterior. Usted, que nunca escatima esfuerzos, está siempre en busca de grandes conquistas y es racional. La persona 7 es pura intuición, pero esta fusión de materia con espíritu, del mundo práctico con el mundo imaginario: ¿resultará en una buena unión?, ¿qué va a pasar?, ¿ese rascacielos de Wall Street estará todo florido, o el castillo de sueños tendrá un acceso a control remoto? Con mucha comprensión e intercambio de energía, ustedes podrán construir un sólido castillo... de verdad y con 150 pasillos.

Admiración

La persona 7 sabrá apreciar la determinación y el dinamismo del 8, además de poseer una sensibilidad y una intuición de las cuales usted carece. Las diferencias entre ustedes llaman mucho más la atención que las semejanzas, pero pueden unirlos, para que formen una pareja diferenciada: lo que más se destaca en el paisaje: frondosos árboles o un exuberante antulio, con sus flores rojas.

Modificación de actitudes

En la convivencia con el 7, usted comenzará a pensar que él o ella tiene algunos pequeños defectos que con el tiempo ya no serán tan pequeños y que al final podrán poner en riesgo la relación. El defecto que observamos en una persona muchas veces es una señal, un aviso de que él o ella simplemente es distinto(a) y tiene mucho que enseñarnos. Así, no se moleste con la introspección de su pareja, quien es una persona muy observadora, que siempre intentará entenderle y cuestionarle por qué usted es tan dueño de sí. Sea menos autoritario y procure comprender la necesidad que en el fondo tiene su 7 de conocerle mejor para sentirse más seguro y ayudarle a crecer.

Afinidad

Con toda su vitalidad y ambición, usted dará más dinamismo a la persona 7. Mostrará a su pareja que la preocupación por el mundo material, por las finanzas, es algo saludable. Él o ella podrá beneficiarse de esta fuerza e impetuosidad y ampliar así su capacidad para entender el mundo en que vive; a su vez, usted podrá crecer mucho con la capacidad de análisis que posee su pareja, quien también podrá ayudarle a desarrollar su intuición, llevándole a reflexionar más acerca de sus actitudes y a realizar algunos descubrimientos.

Renovación

En una relación entre personas que tienen actitudes potencialmente conflictuantes, es obvio que existen las posibilidades de conflictos. La búsqueda de cohesión entre sus mutuos intereses podrá enfrentar algunos deslices a medio camino. Usted, que acostumbra estar muy concentrado en lo que hace, deberá entonces desconectarse más, o totalmente, para penetrar en ese mundo de su pareja, que podrá estar a muchos kilómetros de distancia… aun cuando el 7 se halle físicamente a su lado. Ustedes quedarán así más ligados… uno con el otro.

8 CON 8
USTED CON LA PERSONA 8

Cuando se habla de comunión en dos mundos infinitos, todo es posible. Estas páginas serían insuficientes para describir lo que anhelan dos personas 8 y, después, hablar de sus conquistas, descritas por ellas. ¿Cómo poner dos toneladas de ambición una encima de otra? La que estuviese abajo no soportaría… no estar arriba; pero, puestas lado a lado, pueden formar un par indestructible. Usted, 8, está ante un ser muy inquieto y orientado a objetivos tan grandiosos como los suyos. Si desean estar juntos y cooperar uno con otro, podrán formar una pareja exitosa en la ejecución de cualquier proyecto, en especial el más importante: la relación entre ustedes dos.

Admiración

En esta relación existe un riesgo considerable de establecer una seria competencia entre ambos compañeros. Finalmente, ustedes son parecidos en todo, en especial en la inclinación para volar alto. Ustedes, que son muy organizados, deben entonces trazar mejor sus rutas para volar juntos, evitando una colisión frontal que echaría todo a perder. E imagine un choque de dos aviones Jumbo en el aire… Si descubren que usted y su pareja tienen mucha energía para intercambiar, la admiración surgirá naturalmente y la trayectoria será mucho más enriquecedora. Por hablar de riqueza, en una unión entre dos personas 8…

Modificación de actitudes

Su espíritu de organización y su personalidad ambiciosa le otorgan una enorme capacidad de realización. Para su mundo afectivo, esas virtudes pueden ser benéficas, principalmente si usted está ante otra persona 8; sin embargo, su espíritu autoritario dificulta esta relación: no tenga miedo a perder el control de la situación y ser dominado. La comprensión y el diálogo rompen cualquier barrera que pueda existir entre ustedes. Con sentido del humor, todo es aún más fácil.

Afinidad

¿Cuál es el resultado de la suma de 8 más 8? Se equivoca quien diga que es 16, pues puede ser infinito o nada. Ustedes tienen una gran fuerza interior capaz de mover montañas, pero pueden sucumbir a un espíritu de competencia cargado de arrogancia y prepotencia, que los conducirá a ningún lugar. Ustedes son justos, correctos y eficientes, pero necesitan escuchar más lo que el otro tiene que decir. Deben unir sus fuerzas, actuar con paciencia y buscar continuamente el apoyo de las habilidades de su pareja.

Renovación

¿Trabajo al cuadrado o al infinito? La convivencia de dos personas empeñadas en las metas ambiciosas que se han fijado exige tanto que es un terreno fértil para el estrés. Para evitar que el desgaste adquiera proporciones incontrolables, es conveniente recargar sus energías, canalizándolas al plano afectivo. Una obra comunitaria, un curso de danza o algo que los aparte de sus metas… Si buscan la desconcentración, ambos tendrán una convivencia más pacífica y muy rica.

8 CON 9
USTED CON LA PERSONA 9

Usted, una persona perseverante, está siempre en busca de concretar grandes proyectos. Tiene una energía y un valor que le impulsan en forma decidida en la dirección de lo que usted desea. La virtud más importante que existe es que usted cree en sí mismo. Es una palabra que vale una vida llena de realizaciones y que sólo tiene dos letritas: fe. Usted podrá combinar muy bien con una persona 9, pues él o ella, por encima de todo, aumentará su autoconfianza y le dará mucho apoyo; también le ayudará a desarrollar una conexión espiritual consigo mismo y con la vida. Ustedes dos juntos podrán edificar un mundo de eventos y nuevos comienzos… lo cual hará feliz a la persona 9, pues tendrá la oportunidad de hacer que otras personas realicen sus sueños.

Admiración

Nunca juzgue que sus actividades, metas y conquistas son infinitamente más importantes que las de su pareja. En una relación seria debe haber admiración y respeto hacia ambas direcciones… en caso contrario, la relación será artificial. Nadie construye solo un imperio, y la relación requiere la preposición "con"… es decir, con alguien. La persona 9 le admirará por su valor y su capacidad para decidir, a la vez que usted deberá apreciar su espiritualidad y sabiduría, que darán un soporte fundamental a su vida.

Modificación de actitudes

¿Dónde se siente usted más realizado?, ¿qué quiere hacer de su vida?, ¿cuáles son sus flaquezas y en qué es más fuerte? Si se conoce mejor, estará mucho más apto para superar los desafíos que surjan, así como para conquistar a alguien. El 9 podrá ayudarle a encontrar su camino; basta con que usted sea más comprensivo y maleable. Deje de ser muy autoritario y aproveche las ventajas de su pareja para dar a su vida más espiritualidad y afecto.

Afinidad

A usted le gusta tratar asuntos de orden material y siempre quiere obtener resultados concretos. Así, esté atento para no apegarse demasiado a los bienes materiales, entrando en conflicto con su pareja, una persona que se preocupa por el bienestar espiritual. Idealista y humanitario, el 9 se expone con facilidad a los aprovechados. Entonces, usted podrá orientarle, proporcionando la base práctica y estable para que él o ella se realice. Y su 9 le enseñará el valor de dedicarse al prójimo, dando un sentido más noble a su vida.

Renovación

Usted tiende a estar sintonizado con un universo más material, mientras que su pareja da más importancia a la amistad y a la solidaridad. Este choque de universos y de valores podrá en ciertos momentos desgastar la relación. Tómese tiempo para realizar sus actividades: de vez en cuando es bueno desaparecer del mapa y sin celular, pero con su pareja. En la vida cotidiana, procure participar y dar opiniones acerca de las obras del 9: él o ella necesita su sentido práctico y le adorará.

8 CON 11
USTED CON LA PERSONA 11

Es de noche y usted camina por el bosque: perdido, intenta hacer una hoguera para calentarse. Frota un fósforo, el cual se enciende, pero luego se apaga. Trata de prender dos, tres… y nada. Su relación con la persona 11 puede comenzar así. Ustedes no son muy exigentes ni ligados… ni acostumbran dar demostraciones de cariño o afecto. Están de verdad más conectados con sus realizaciones individuales y ambos tienen una gran energía que a veces se manifiesta en forma de estrés. El 11 toma decisiones movido por esta energía tensa y usted las toma de manera racional. Pero, a medida que conviven y que van entendiéndose, ese fósforo puede encender una hoguera de tal forma que iluminará el bosque entero. Ustedes son dos personas dotadas de mucha vibración y acabarán teniendo una relación explosiva y excitante.

Admiración

Ustedes deben observar a su alrededor (cuidado con la tendencia a centrarse en sus preocupaciones). Ambos poseen pensamientos elevados, son dos auténticos dinamos y juntos pueden realizar grandes obras. Usted debe valorar la intuición y la sensibilidad del 11, así como podrá beneficiarle con su persistencia y principalmente con su sentido práctico, que a él o a ella muchas veces le falta.

Modificación de actitudes

Cuando en una relación con una pareja que tenga la vibración del número 11 usted siente que no está en control de la situación, acaba dejándose envolver por un clima de inseguridad que le llevará a derrotarse ante ella. Y de cara a las dificultades, el 11 se irrita y la relación está en peligro. Procure controlar su espíritu autoritario, comprendiendo el sentido de las aspiraciones de su pareja. Hágale entender que el idealismo extremo puede volverse un sueño utópico, y el mando de la relación debe estar basado en el buen sentido.

Afinidad

Usted puede crecer con su capacidad administrativa, porque es un gran estratega. Su pareja atrae el éxito: le gusta estar a la luz de los reflectores y ser el centro de atención. Usted lidia con el lado material, pero posee un enorme potencial para desarrollar la intuición y la espiritualidad, y ahí su pareja puede ampliar su conciencia. Estas diferencias acaban por ser un punto de atracción: en esta comunión de energías, podrá florecer un clima de gran crecimiento conjunto.

Renovación

Su relación con la persona 11 es de alto voltaje. Ustedes dos están dotados de mucha energía, que se manifiesta en su pareja en forma de tensión. Su 11 es nervioso, inquieto y se obsesiona cuando no alcanza sus objetivos. ¡Esa hoguera puede incendiar el bosque! Pues bien, es tiempo de que ambos canalicen esa energía nerviosa en un lugar tranquilo, sin interferencias y sin ninguna presión. Deje las revanchas a un lado y disfrute la eternidad de esos momentos.

Características positivas
compasión – tolerancia
solidaridad – carisma
creatividad – idealismo
espiritualidad
altruismo

Características negativas
que pueden experimentarse
distanciamiento de la realidad
inestabilidad emocional
impresionarse con facilidad
tendencia al melodrama

Usted tiene el espíritu de un sabio profesor, es un líder que enseña con el ejemplo. Usted quiere ayudar a todos; paciente y comprensivo, sabe perdonar como nadie.

Usted es alivio, una mano extendida, el hombro amigo. Sin preocuparse por recibir ningún tipo de gratificación o recompensa, todo lo hace por amor. Romántico, carismático y creativo, le gusta conocer y aprender con distintas personas.

En la convivencia con una pareja, sea cual fuere la vibración de sus números, usted debe aprovechar para descubrir aspectos de su propia personalidad que antes usted no conocía. Ora es severo y exigente, ora cariñoso y comprensivo: procure encontrar un punto de equilibrio entre sus actitudes extremas, superando su tendencia a apartarse de la realidad y a la melancolía, que puede envolverle e impedirle alcanzar sus objetivos.

LAS FRAGANCIAS DEL NÚMERO 9

Para que ponga los pies en la tierra y sienta presente su pasión

Para lograr más armonía en su relación, la persona 9 debe controlar su tendencia a apartarse de la realidad y a no entregarse a un amor real y verdadero. A partir de estudios acerca del efecto emocional que los aromas y aceites esenciales provocan en las personas, identificamos que alguien con la vibración del número 9 debe usar, de preferencia, fragancias con la acción de la hierbabuena, la cual aclara las ideas, y fragancias que posean el efecto reconfortante del benjuí, el cual combate la tristeza y actúa sobre el agotamiento emocional.

Hierbabuena-pimienta, *Menta piperita L.* (fam. *Labidas*)
Muchas personas viven en las nubes. En su caso, 9, podríamos decir que usted vive encima de las nubes… comportamiento que puede dificultar su relación. Pero más de una vez la naturaleza viene en nuestra ayuda para equilibrar las emociones, con la fuerza de una planta cosechada en las tierras bañadas por el Mediterráneo. La hierbabuena-pimienta es uno de los aceites esenciales más importantes y ha sido agente y testigo de grandes momentos de la historia. Utilizada por egipcios y griegos, fueron los romanos quienes dieron mayor importancia a sus hojas y a su aroma: la hierbabuena estaba en la corona de los vencedores, además de que actúa en su sistema nervioso y le pone en armonía con la realidad.

Benjuí, *Styrax Dryand* (fam. *Estiráceas*)
La búsqueda obcecada para alcanzar objetivos grandiosos puede generar muchas frustraciones a la persona que tiene la vibración del número 9: triste, ella se aísla y se rebela ante su fracaso, quedando cabizbaja, y acaba entrando en conflicto o apartándose de su pareja, como si ésta fuese uno de los culpables. Mas la naturaleza, incansable, aparece otra vez para equilibrar sus emociones. Una goma extraída del tronco de un árbol originario de Tailandia produce un aceite esencial, que combate ese desánimo y provoca una sensación de paz y alegría: el benjuí.

9 CON 1
USTED CON LA PERSONA 1

Usted no hace mucha cuestión por un elogio sincero ni de una consagración en plaza pública bajo la luz de los reflectores, pero tiene gran dificultad para enfrentar la frustración. Cuando sus planes no dan el resultado que usted desea, con el tiempo puede cerrarse. Si surgen críticas, será casi el fin del mundo. Al tratar a una persona 1, decidida, impaciente, ansiosa y poco abierta a las sugerencias, usted puede adoptar actitudes extremas: o acaba por adaptarse a ella, anulando momentáneamente su personalidad, lo cual traerá problemas en el futuro... o usted puede enojarse y considerar una afrenta cada opinión contraria de su pareja. Usted debe juzgar menos, pero no tanto que se amolde totalmente a los deseos de su pareja: viva el presente y procure crecer con su 1, contando con toda la autoconfianza, sinceridad y perseverancia de su pareja y, así, dando una dimensión más real a su existencia.

Admiración

El 1 deberá valorar su espíritu fraternal y toda la sabiduría que usted pone al servicio del bienestar de otras personas, generalmente de las menos afortunadas. Como a usted le gustan las personas inteligentes y creativas, el 1 va a envolverle con cierta facilidad. El estilo decidido y vanguardista de su pareja también será apreciado por usted, que adora sus historias y sus conquistas. Este intercambio de energía y ese camino de dos vías en cuanto a la valoración del compañero dará las condiciones para que tengan una vida en común llena de pasión y amistad.

Modificación de actitudes

Usted a veces llega a perder su autocontrol y se vuelve agresivo. La falta de objetivos y de espíritu práctico puede perjudicar su relación con la persona 1. Con frecuencia, él o ella se impacienta cuando se le niegan sus deseos y a usted tampoco le gusta ser contrariado. El equilibrio y el buen sentido son fundamentales en esta relación; por ello, procure controlar su tendencia a apartarse de la realidad, aprovechando la sinceridad y la auto-confianza del 1: crezca con sus virtudes y repare menos en sus flaquezas.

Afinidad

Usted tiende a entregarse al mundo y su pareja tiende a entregarse a sí mismo(a). Mediante el pensamiento constructivo y al valorar al otro, us-tedes pondrán sus vibraciones en la misma frecuencia, orientando sus de-seos hacia la construcción de una gratificante vida en común. Pero tenga cuidado: no agrade de más a la persona 1 y dosifique un poco su flexibi-lidad, o ella podrá abusar: una pareja tiene que complementarse y la de-dicación debe ser recíproca.

Renovación

Usted adora tener un nuevo proyecto y la novedad es algo que no falta en la convivencia con una persona 1. Como usted es más paciente, los problemas pueden ser superados con mayor facilidad; mas, en su propen-sión de ayudar a otros, usted puede no prestar la debida atención a esta relación. Esté atento a las necesidades de su pareja y programe con él o ella actividades que los mantengan atraídos(as). Pero nada de llevar a pa-pás, hermanos y amigos o aprovechar para visitar a aquel tío… dense un tiempo sólo para ustedes.

9 CON 2

USTED CON LA PERSONA 2

Cinco, cuatro, tres, dos, uno… ¡Feliz Año Nuevo! Un beso ardiente de su pareja será el inicio de una etapa más en sus vidas; pero luego usted abra-zará a uno, dos, tres, cuatro, cinco… cuenta progresiva del mundo de ami-gos y conocidos a los que deseará felicidades. El celular sonará… su madre o su padre. Después, usted se conectará con… ¡oh! ¿el portero también tomó champaña? Hay que servirle un plato… Todo es fiesta, pero el año nuevo puede haber comenzado mal para su pareja, que quiere mayor atención. El desafío de esta relación, para usted, es saber dosificar su energía y dedicación al prójimo y hacer que la persona 2 entienda la importancia de la solidaridad. Pero nunca se olvide de que ésta comienza por casa…

Admiración

2, vida en común: dedicado a una relación afectiva, puede llenar su vida de paz y espíritu de justicia. Tiene una loable habilidad diplomática, digna de un embajador, la cual le ayudará a suavizar o resolver conflictos. Usted deberá valorar su fidelidad y apreciará su virtud de ser un gran oyente. Él o ella disfrutará de sus historias y admirará su espíritu solidario, siempre que usted lo haga en forma comedida, manteniendo la relación siempre en primer lugar.

Modificación de actitudes

Su corazón tiende a ser mucho mayor que su mente. Usted debe conocerse mejor y tener conciencia de sus limitaciones. Su pareja se interesa por su vida, por sus actividades y realizaciones; pero no quiera convertirle en su auditorio, pues su paciencia se puede agotar. Usted necesita encontrar un punto de equilibrio en esta relación, donde usted controle su idealismo y viva más el presente y la compañía de esta pareja fiel y sincera, que puede ser, mucho más que un amigo, un cómplice de su felicidad.

Afinidad

La persona 2 podrá darle mucho apoyo, pues es compañera, le gusta colaborar, tiene capacidad para adaptarse a las más distintas situaciones y actúa decididamente para superar cualquier conflicto. Su misión para el éxito de esta relación es mostrar la importancia de la solidaridad, atrayendo a su pareja a su lado, pidiendo su ayuda; en pocas palabras, colóquele en su mundo.

Renovación

Su involucramiento con muchos amigos e innumerables actividades y compromisos puede hacer que el 2 se aparte de usted, pues es dedicado y quiere también ser correspondido. No deje que esto tome proporciones que después no podrá controlar. Ustedes dos son románticos y aprecian las atenciones, desde un pequeño gesto hasta una gran sorpresa, siempre que sean dados con amor.

9 CON 3
USTED CON LA PERSONA 3

La pareja 3 no sólo va a motivarle a conocer y a convivir con otras personas, sino que va a invitarle a sus eventos con sus amigos. Ustedes tendrán una vida social rica e intensa, que podrá propiciar un crecimiento mutuo, matizado por la belleza y por el buen gusto que esta pareja aprecia mucho. Su profundo sentido de solidaridad dará al 3 una existencia más noble y digna; sin embargo, la vida no es una eterna fiesta y exige otros tipos de responsabilidad. Por ello, deben procurar dar más objetividad a sus ideales, encarando el mundo presente y la realidad de la vida. Aproveche la energía y el optimismo que esta persona tiene dentro de sí y evite que otras personas lleguen a interferir en la relación. Exprese en voz alta sus sentimientos y escuche a su pareja: ustedes tienen mucho que aprender uno del otro.

Admiración

La admiración mutua genera respeto, lo cual a su vez hace más sólida una relación y la llena de vida. Su pareja apreciará su espiritualidad y su sabiduría, a la vez que le envolverá con su entusiasmo y su altruismo. Este intercambio de energía generará una intensa comunión de alegría. Juntos, serán cómplices... y seguirán por la vida más inmunes a las dificultades que ésta impone.

Modificación de actitudes

Uno de los puntos básicos de la felicidad en una relación es el equilibrio emocional. Para lograrlo, ambos deben ceder y aceptar sus diferencias. El 3 a veces llegará a incomodarle con actitudes fútiles y una postura más superficial, comportamientos que usted abomina; empero, no quiera cambiarle de la noche a la mañana, sino aproveche el optimismo de su 3, que le lleva a las alturas cuando usted está triste o molesto por algo que no sucedió como quería. Procure vivir el momento presente y encontrar en el 3 fuerza y motivación para enfrentar las adversidades.

Afinidad

A ustedes les gusta usufructuar los placeres que propicia una vida social, en especial la convivencia con personas que les hagan crecer a ambos. Su pareja es creativa y goza de una loable capacidad para comunicarse, abriendo nuevas perspectivas para usted, que podrá aprovechar las experiencias para desarrollarse. Dé más espacio a su pareja y descubra sus planes y preocupaciones. Él o ella comenzará a escucharle y a interesarse más por su vida.

Renovación

Numerosas personas, mucha fiesta, múltiples momentos de gran alegría. Ustedes seguramente tendrán muchas experiencias enriquecedoras que contribuirán al crecimiento de la pareja. Esta vida orientada a atender al prójimo es admirable, 9, y como el 3 adora el barullo, la convivencia con muchas personas, ustedes pueden estar apartándose del punto de partida que dio más sentido a sus vidas: el amor que sienten el uno por el otro. Haga a un lado, de vez en cuando, esa "rutina excitante" y procuren estar más a solas, entregándose uno al otro.

9 CON 4
USTED CON LA PERSONA 4

Usted nació para las grandes realizaciones en todos los campos. Dentro de usted existe también un deseo de construir un mundo lleno de felicidad, sin espacio para muchas desigualdades, un mundo en el que solamente esté permitido sonreír o llorar... de alegría, un mundo bendecido por el espíritu de solidaridad. Pero ¿cómo dar salida a esta voluntad y ponerla en práctica?, ¿será posible?, 9; usted no puede cambiar el mundo, pero sí construir uno más digno para mucha gente. Sin embargo, nada se logra sin organización, planeación y objetividad. La persona 4 tiene esas características y de sobra. Juntos podrán formar una unión sólida, basada en el trabajo y en la lucha por una sociedad más justa.

Admiración

Su aguda percepción y su conocimiento, así como sus ideales y su dedicación a las personas, en especial a las menos afortunadas, deben levantar la admiración y el respeto de la persona 4. Usted, a su vez, apreciará la eficiencia, la lealtad y la decisión de su pareja. En ese clima de admiración mutua, de orgullo por lo que usted hace y por sentir el incentivo de su pareja, ustedes podrán construir más que un castillo de sueños... y edificarán muchos castillos con sueños que se convertirán en realidad.

Modificación de actitudes

El amor al prójimo le da una fuerza interior considerable. Usted tiene armas efectivas para crecer y triunfar en la vida, pero nadie es de hierro, ¿eh, 9? La lucha por ese mundo más justo seguramente se topará con muchos obstáculos y bastante egoísmo; a su vez, el 4 no siempre tendrá la habilidad necesaria para enfrentar su idealismo: crítico en extremo, él o ella podrá tener muchos conflictos con usted. Procure conectarse más al momento presente, sea menos exigente, entienda el modo de ser de su pareja y aproveche el enorme buen sentido que ésta posee.

Afinidad

Con su pareja 4, usted podrá aprender los aspectos prácticos de la vida, principalmente en lo tocante al trabajo. Por otro lado y en función de su experiencia y sabiduría, logrará influir en esta persona, mostrándole la importancia de la dedicación no sólo en beneficio propio y de la pareja, sino también con miras a servir de inspiración a mucha gente. Ustedes dos se complementan y podrán estar juntos tanto en el amor como en los negocios y en la vida social.

Renovación

A usted le gusta dedicarse al prójimo y en esta relación tendrá como misión atraer a su pareja a su lado, motivándole a dar parte de su capacidad de organización y su eficiencia a la causa de otras personas. Muchas veces, él o ella podrá estar apartándose. El trabajo es como un imán que le atrae: procure mantener siempre viva aquella fuerza que los unió, poniendo la relación en primer lugar. De vez en cuando es bueno encontrar una actividad o hacer un viaje en el cual puedan estar más a solas, sin gente que interfiera.

9 CON 5
USTED CON LA PERSONA 5

Es un apasionado… de la libertad, del derecho a volar cuando quiera, sin importar si comienza algo nuevo sin siquiera haber terminado otra actividad. Le gusta conocer gente nueva, lugares nuevos, filosofías nuevas… ¿cómo entonces mantenerle ligado a esta relación? La respuesta está en su propio modo de ser, 9, en aquello en que usted está involucrado. Su misión es mostrar a esta pareja impaciente que en la vida debemos tener equilibrio. Nadie puede lograr una relación profunda y seria sin buscar construir algo que haga la felicidad de otras personas. El amor y la felicidad unilaterales no existen. En este punto convergen su espiritualidad y su solidaridad con el espíritu más curioso de su pareja 5.

Admiración

El punto de encuentro entre dos personalidades distintas como la suya y la de la persona 5 debe generar una fuerte atracción mutua. Él o ella apreciará su modo encantador, altruista y su enorme compasión, mientras que usted aprenderá a valorar en su pareja su sensibilidad y la facilidad que tiene para aprender todo lo que experimenta. El magnetismo personal y la sensualidad del 5 le excitan. Juntos podrán vivir en armonía, respetando sus diferencias y haciendo de ellas la razón para estar juntos.

Modificación de actitudes

A pesar de dedicarse a muchas personas, usted no acepta fácilmente que su pareja conviva con tanta gente y que esté siempre conociendo a más y más personas: los celos pueden destruir rápidamente esta unión. Los celos representan, en el fondo, cierto distanciamiento de la realidad, algo que es común para usted. Es preciso superar este desequilibrio, procurando observar los hechos con más calma y profundidad, evitando juicios equivocados y aprovechando de la creatividad de su pareja.

Afinidad

A pesar de las diferencias e incluso a causa de ellas, esta pareja puede resultar en una convivencia muy interesante. El 5 es dinámico y curioso y busca nuevas experiencias sin importarle los riesgos que pueda correr, pero necesita esa sabiduría que usted tiene. Él o ella posee mucha facilidad en el trato con las personas y puede ser muy útil en la divulgación de sus ideas, 9. Comprenda que no será posible que su pareja le dé su atención exclusiva. Procure, con sus actos y sentimientos, dar mayor estabilidad y equilibrio a la vida aventurera de su 5. Así, éste estará mucho más ligado a usted.

Renovación

La vida con una pareja 5 no tiene nada de monótona. Él o ella siempre tiene nuevas experiencias. ¡Respire fuerte!, pero de nada sirve querer cambiarle, lo cual no significa que usted deba aceptar todo pasivamente. Siempre es bueno recargar la energía de aquella atracción que los unió. Entre en su mundo y poco a poco atráigale hacia usted. Una fiesta de disfraces, un lugar exótico, un viaje "alocado"; en fin, cometa una de esas excentricidades que a su pareja le gustan mucho… Sin darse cuenta, él o ella entrará en su armonía y ustedes estarán siempre locamente enamorados.

9 CON 6
USTED CON LA PERSONA 6

Usted, 9, conocerá a muchas personas a lo largo de su camino. Movido por el altruismo y por el espíritu de solidaridad, podrá realizar grandes obras, atrayendo la simpatía de mucha gente; así surge una persona 6 en su vida: compañera y afectuosa. Aprecia la armonía de la pareja y del hogar, y la busca de forma tan obstinada que no logrará convivir pacíficamente con sus compromisos, 9. De este modo, su desafío es conciliar estos dos mundos, demostrando a su pareja que no basta con afligirse ante las adversidades de otras personas, sino también es preciso ir a su encuentro, procurando ayudar en especial a aquellas menos favorecidas por la vida.

Admiración

Cuando se cruzan dos personas que tienen ternura en el corazón, el embeleso mutuo tiende a florecer y a edificar una relación basada en el respeto y la sinceridad. Usted apreciará el espíritu de justicia, el cariño y la dedicación de su pareja y ésta a su vez se enorgullecerá de su preocupación por los menos privilegiados, siempre que usted no se involucre al punto de poner a su propia relación afectiva y a su familia en segundo plano. A ustedes les gusta compartir sus dudas y sus deseos, y podrán formar una unión que viva en armonía.

Modificación de actitudes

El espíritu de solidaridad tonifica nuestra mente y permite que tengamos una actitud más positiva ante la vida; sin embargo, usted, 9, a veces pierde su equilibrio emocional y se vuelve agresivo, principalmente si no realiza el sueño… de otros. Y el 6 tiende a ser celoso y a tener recelos de más. Usted deberá tener equilibrio y serenidad para superar estos puntos de conflicto, estando más en sintonía con el momento presente, dando salida a su romanticismo y aceptando el modo de ser de su pareja.

Afinidad

Ustedes tienen amplias posibilidades de formar una pareja afinada y feliz; son idealistas, cada uno a su modo: actúen con el espíritu siempre imbuido de mucha compasión, pero centrando sus atenciones a causas distintas. El 6 sabe entender sus angustias y puede ayudarle a superarlas. Usted, que siempre buscó la pareja ideal y desea una relación seria, encontrará en esta persona buenas cualidades para eso: justicia y lealtad. Dedicándose con el mismo ahínco al hogar, usted tendrá una relación armoniosa, en la que uno aprenderá mucho del otro.

Renovación

A su pareja le gusta recibir atención, es vanidosa y aprecia las artes; además, sus críticas son constructivas. Para superar los momentos más difíciles de la relación, realicen actividades culturales y usted aprecie todo lo que su 6 hace. Esta pareja adora los elogios. El desarrollo de actividades conjuntas orientadas especialmente a la casa y a la familia los unirá aún más.

9 CON 7
USTED CON LA PERSONA 7

Una permanente búsqueda interior: usted y la persona 7 no se cansan de buscar respuestas para sus indagaciones y aflicciones. Ambos están dotados de una apreciable sabiduría y juntos pueden hacer muchos descubrimientos y crecer espiritualmente. El 7 es serio y compenetrado: su lado místico, así como sus ideas bien fundamentadas, podrán estimularle; pero existe una diferencia: mientras que sus pensamientos están más enfocados a los problemas de la humanidad y a obras grandiosas, en especial cómo reducir el sufrimiento de sus semejantes, su pareja está más orientada hacia el autoconocimiento. El mayor problema es el riesgo de un distanciamiento conjunto de la realidad.

Admiración

El respeto mutuo es un factor esencial para la existencia y la conservación de una relación sincera y que lleve al crecimiento de sus dos integrantes. Ese respeto nace de un fuerte sentimiento de admiración que cada uno debe tener por el otro. Usted apreciará en su pareja su fuerza mental, su espiritualidad y su intuición. Procure valorarse y mostrar cuánto se dedica a sus proyectos de vida.

Modificación de actitudes

Quien perdona no guarda resentimientos y lleva una vida más ligera, sin presiones ni angustias. Usted, 9, dotado de un espíritu fraternal, tendrá más facilidad para enfrentar los quehaceres de la vida; sin embargo, a veces podrá perder el autocontrol al enfrentarse con una persona más individualista e intolerante a las críticas como el 7. Ustedes dos tienden a estar fuera de la realidad: el 7 dentro de su mundo interno y usted "perdido" en sus ideales. Usted deberá desconectarse del mundo primero para poder atraer a su pareja a un ambiente más cercano al suyo. Procure aprovechar la espiritualidad del 7 para que, sumada a su sabiduría, permita que ambos den un rumbo más claro a sus vidas.

Afinidad

Una relación entre usted y la persona 7 goza de un excelente grado de compatibilidad; pero, por su mismo temperamento, usted deberá dar más afecto del que recibe. Ambos buscan el crecimiento interior: son intuitivos y les gusta filosofar; no obstante, su pareja es más independiente y quiere aprender para su propio beneficio, mientras que usted está más preocupado por ayudar a los demás, para lo cual utiliza toda la sabiduría que ha desarrollado. Por lo tanto, ustedes podrán realizar grandes obras en conjunto, y este involucramiento hará que tengan una relación feliz, así como llena de paz y armonía.

Renovación

A pesar de que ustedes necesitan tener sus propios espacios, sin querer asfixiar la individualidad de su pareja, la vida en común será siempre una experiencia enriquecedora. A veces será incluso saludable que ambos permanezcan un tiempo sin verse. No dejen de hacer lo que más les gusta: conocer personas y lugares, investigar y analizar. Procuren también realizar siempre nuevas actividades en común, en las que haya debate e intercambio de opiniones: esta relación jamás perderá su brillo.

9 CON 8
USTED CON LA PERSONA 8

Un mundo de solidaridad. Una sociedad más justa en la que todas las personas tengan una vida digna y estén en condiciones de construir familias y hogares llenos de paz y armonía. Su pareja 8, ambiciosa, persistente y eficiente, quizá no pueda hacer que todos sus sueños se vuelvan realidad, pero contribuirá para que usted ponga en práctica aquello que anhela, con muchas mayores posibilidades de éxito que si actuase por su cuenta. El 8 tiene intuición, trabaja arduamente y no se deja abatir por las dificultades que puedan aparecer. Si hace todo con dedicación y eficiencia, podrá, junto con usted, construir una relación sólida y gratificante.

Admiración

No hay relación que sobreviva sin admiración, y he aquí que si una pareja no da valor a lo que el otro hace, esa relación no existe: es una ilusión. El 8 deberá valorar su sabiduría y su inteligencia, 9, y usted apreciar su capacidad de planeación y su espíritu estratégico que volverán realizables sus ideales.

Modificación de actitudes

Usted puede decepcionarse con la intransigencia y la autoconfianza del 8, poniendo en jaque la relación, que puede deteriorarse aún más en función de su falta de sentido práctico: el 8 dirá que usted se pierde en devaneos y se olvida de la vida. Entre el lado positivo de sus preocupaciones y el posicionamiento de "patrón" de su pareja hay que encontrar un punto de equilibrio donde ustedes vivan en armonía. Procure aterrizar en el momento presente, siendo más directo en sus posturas y en sus actitudes ante su pareja.

Afinidad

A ambos les gusta la perfección, pero actúan en planos distintos: usted actúa mucho más en lo espiritual, con ideas nuevas, mientras que su pareja lo hace más sobre el mundo material. Este posicionamiento, en vez de ser una fuente de conflictos y discusiones, puede propiciar una relación rica en intercambios. La fuerza de voluntad y la perseverancia del 8 harán que usted se sienta más apoyado y seguro ante los constantes desafíos que aparecen ante usted.

Renovación

Perseverantes y luchadores, ustedes forman una pareja incansable: siempre trabajan en busca de sus objetivos; pero esta lucha cotidiana puede desgastar poco a poco la relación, lo cual ocurre porque ustedes se entregan en cuerpo y alma a lo que hacen. No quieren fracasar y sólo están satisfechos cuando concluyen sus empresas; sin embargo, la vida es una lucha infinita, y a veces una pareja necesita desconectarse totalmente de lo que está haciendo y enfrentar sólo el mundo común que los llevó a estar juntos. Es tiempo de desconectar el botón de las labores diarias y sintonizar sus atenciones en actividades menos comprometidas y que les hagan disfrutar relajadamente de la vida y, sobre todo, de su pareja.

9 CON 9
USTED CON LA PERSONA 9

Una comunión de dedicación y amor… universal. Su relación con otra persona 9 es mera fraternidad. Ninguno debería esperar obtener nada a cambio de sus obras y juntos podrían realizar empresas grandiosas en pro del bienestar de muchas personas. Una simple sonrisa puede servir como recompensa… pero ¿tendrá espacio la relación afectiva entre ustedes para florecer?, ¿lograrán construir un mundo de dedicación y felicidad mutuas? Éste es el mayor desafío de su relación, aun cuando, con tanto amor en el aire, no será difícil que ustedes entren en la misma sintonía y formen una pareja feliz caracterizada por un enorme espíritu de amistad.

Admiración

Ambos son carismáticos y no sólo deben conquistar el respeto de mucha gente, sino también el uno del otro. Sus obras, su dedicación, su empeño por concretar grandes obras enorgullecerán a su compañero, pues él o ella aprecia su actitud y también actúa de la misma manera. Esta admiración mutua será la base de una relación saludable, constituida por dos personas luchadoras y perseverantes. El respeto y la sinceridad estarán siempre presentes en sus vidas, llenas de amor, paz y luz.

Modificación de actitudes

La unión de dos personas 9 puede ser tan profunda que trascienda tanto el plano físico como el mental. Exigentes, ustedes quieren la perfección y tienen altas expectativas en relación con sus vidas. Personas con comportamientos extremos, ora son afectuosas, ora agresivas ante las dificultades para conseguir lo que anhelan, lo cual podrá desequilibrar la relación. Procure entender que no existe una pareja perfecta y que toda persona tiene sus puntos negativos, incluso usted: adopte una postura más constructiva y dedíquese a diseñar proyectos más concretos, que puedan ser alcanzados.

Afinidad

Ustedes son dos personas con un corazón del tamaño del mundo; deben usar y abusar de la enorme sensibilidad que poseen. En los momentos más difíciles, de cara a los obstáculos que impone la vida, requerirán mucho apoyo uno del otro. Deberán controlar la tendencia a dar más atención a los otros, en detrimento de la propia relación. El mayor desafío está en ponerse en la misma sintonía y juntos, con los pies en la tierra, construir una relación profunda y llena de afecto. Finalmente, amor es lo que no falta en una persona 9.

Renovación

Es preciso procurar siempre dar un temperamento distinto a sus vidas. No hay que cuestionar jamás la importancia de su trabajo ni de sus obras; pero el sentido de la vida está relacionado también con su realización afectiva, con el intercambio constante de ideas, con tener buenas sesiones de carcajadas con quien usted ama; empero, no se preocupe: usted tiene un gran crédito por lo que hace por los demás. Aun así, siempre es bueno encontrar tiempo para su gran amor. Escuchen aquella buena música que les gusta, bailen pegaditos, diviértanse.

9 CON 11
USTED CON LA PERSONA 11

Ustedes tienen un corazón con sed de justicia y mucha energía, que los capacita para cambiar el curso de la historia de mucha gente. Preocupados por quienes les rodean, ambos sueñan y procuran involucrarse en causas humanitarias. Incansables, están siempre en busca de una solución para todos los problemas y no es raro que participen en obras grandiosas. Pero si los vientos no fueran favorables, ustedes pueden perder el rumbo: usted, por salir fácilmente de la realidad, corre el riesgo de no ver más allá de su nariz y acaba por deprimirse ante las dificultades. Su pareja, exigente y cargada de una gran energía nerviosa, se enoja cuando se topa con problemas... El desafío de esta relación es reasumir el control del barco. Sabio y creativo, usted puede encontrar el camino y el 11, determinado y perseverante, tendrá la energía para conducirles hasta un puerto seguro.

Admiración

Ustedes tienen un sentido de responsabilidad ante el sufrimiento de las otras personas, que los hace seres llenos de luz. Hay espacio para que cada uno alimente en el otro una gran admiración. Usted deberá valorar las actitudes claras y decididas de su pareja, atributos que normalmente le hacen falta a la persona 9. Y el 11 deberá dar un gran valor a su optimismo y a su capacidad para perdonar.

Modificación de actitudes

Los obstáculos surgirán en su camino y no siempre conseguirá usted concretar sus sueños, los cuales pueden ser incluso inalcanzables. Los tropiezos le conducen a la melancolía y, ante una pareja que se estresa cuando se le lleva la contraria, los conflictos pondrán en jaque a la relación. Usted debe buscar un punto de equilibrio, donde ambos estén más próximos y puedan vivir en armonía. Su primer paso es procurar ser menos soñador y vivir más el momento presente. y las posibilidades reales. Con una visión más nítida del mundo, usted podrá también convivir mejor con su 11.

Afinidad

Incluso ante las mayores adversidades, ustedes pueden construir, juntos, una relación gratificante. Usted, romántico, puede dar encanto a la vida de esta inquieta persona 11. Sus mentes creativas podrán encontrar soluciones a todos los problemas, a la vez que la preocupación por construir un mundo mejor puede ser un gran punto de unión entre usted y ese luchador que es el 11.

Renovación

Su pareja se estresa con facilidad y usted puede deprimirse o hasta explotar. La convivencia de dos personas inestables y muchas veces intempestivas exige constantes momentos de desconexión… no de la realidad, sino de la presión de sus compromisos. Ustedes tienen altas exigencias respecto a la vida y necesitan recargar toda esa energía para que sea canalizada en los momentos adecuados. ¿Por qué no entonces embarcarse en un viaje… sólo para dos? ¡Bienvenidos a bordo!

11

Características positivas
sensibilidad a la espiritualidad
inspiración
idealismo – altos objetivos
diplomacia – liderazgo

Características negativas
que pueden experimentarse
emociones extremas
energía nerviosa
impaciencia
indecisión – inseguridad
egocentrismo

*U*sted es un número maestro, tiene el brillo de las estrellas, anhela construir un mundo ideal para vivir, sin espacio para la injusticia, y es una fuente inagotable de ideas capaces de transformar el mundo.

Su crecimiento estable depende de la capacidad que tenga usted para aceptar sus dones especiales: usted posee mucha intuición y percepción extrasensorial. Procure aprender a vivir con fe; así, conseguirá dosificar las fuertes vibraciones de este número, canalizando toda su energía para construir una vida llena de realizaciones en todos los planos, incluido el amoroso.

Sensible e introspectivo, procure controlar sus emociones, que fluctúan mucho, evitando que el exceso le deje fuera de la realidad; además, procure ser menos exigente y esté atento a que sus ideas no se aparten demasiado de la realidad, dificultando su relación.

LAS FRAGANCIAS DEL NÚMERO 11
Para mejorar su relación espiritual y descubrir que existe alguien sólo para usted

Para lograr más armonía en su relación, la persona 11 debe controlar su excesiva energía nerviosa, que la pone constantemente en conflicto con su pareja. A partir de estudios acerca del efecto emocional que los aromas y aceites esenciales provocan en las personas, identificamos que alguien con la vibración del número 11 debe usar, de preferencia, fragancias que tengan el efecto de la bergamota, la cual promueve la estabilidad emocional, y fragancias que posean la acción reguladora del palo de rosa, el cual libera la energía creativa.

Bergamota, *Citrus bergamia Risso* (fam. *Rutáceas*)
La persona que tiene la vibración del número 11 posee un humor con altibajos. Dotada de una fuerte energía nerviosa, acaba por sucumbir a esas oscilaciones. La naturaleza creó un aceite esencial capaz de proporcionar equilibrio y entusiasmo a personas como usted, 11: es el aceite de bergamota, extraído de la cáscara de esa fruta cítrica, sembrada en el sur de Italia y en el norte de África.

Palo de rosa, *Anita rosaedora Dicku* (fam. *Lauráceas*)
La agitación cotidiana hace que la persona 11 disipe mucha energía y disminuya su capacidad para tomar iniciativas y para expresarse en una relación amorosa. En la exuberancia de la Amazonia, la naturaleza aprovechó su clima y su topografía para producir un árbol cuya corteza posee uno de los aceites esenciales más activos que existen: el palo de rosa, que elimina el estado de confusión mental y libera la energía creativa, dando más equilibrio al inquieto 11 y propiciando una vida afectiva más armoniosa.

11 CON 1
USTED CON LA PERSONA 1

Usted es una persona altamente espiritualizada y tiene sus objetivos más orientados hacia las grandes realizaciones; idealista, es un luchador al servicio de las grandes causas humanitarias. A pesar de aparentar ser conservador, usted es dinámico y desea ir en contra de las tradiciones preestablecidas. Ahora, en cuanto al 1… es también un luchador a quien le gusta ser líder y el centro de la atención. Exigente, no tolera críticas: todo tiene que ser hecho como él quiere; si no, el tiempo puede hacer que se cierre. Aun cuando usted tiene una visión más humanitaria, como todo 11 que se precie de serlo, usted tampoco es muy dado a aceptar cuestionamientos de ninguna naturaleza. Pero usted, 11, tiene un poco del número 2: una buena capacidad para superar conflictos, ajustando las situaciones y armonizando la relación, cuyo equilibrio dependerá más de usted que de su pareja. Use la intuición, anticípese a los conflictos que puedan surgir y procure controlar sus emociones, abriendo así una senda en medio de ese denso bosque que es la vida, lleno de emboscadas y desafíos.

Admiración

En una relación entre personas atrevidas como usted y el 1, habrá espacio para que se cultive la admiración, que puede degenerar hacia los celos, si no controlan sus emociones. Usted deberá apreciar la agilidad de su pareja y su loable capacidad para transformar en realidad su mundo, 11, de sueños e ideales. A su vez, el 1 se sentirá atraído por su carisma, sensibilidad a la espiritualidad y creatividad artística.

Modificación de actitudes

Usted posee una intuición y una sensibilidad muy agudas, lo cual le permite percibir los problemas con más facilidad. Su pareja es impaciente y ansiosa y no tolera críticas a su modo de ser. Sus bruscos cambios de actitud y el deseo de realizar cada vez más le dejan eufórico y le sacan de la realidad. Procure poner más los pies en la tierra y controlar sus emociones. Si actúa así, usted conseguirá dar más armonía a la relación, evitando desgastarse con esta pareja explosiva.

Afinidad

Ustedes pueden constituir una pareja con una relación cálida y envolvente: se interesan por las novedades y les gusta ser reconocidos por lo que hacen; pero la temperatura deberá ser controlada para que sus diferencias no asuman proporciones intolerables. A usted le gusta liderar, pero no llega a ser egocéntrico como el 1, pues tiene una conciencia más equilibrada. Su pareja es fiel y honesta, cualidades fundamentales para una vida en común. Con diálogo y dedicación, ustedes vivirán muchas emociones y realizarán grandes conquistas.

Renovación

La búsqueda de equilibrio y de una vida pautada por la complicidad y el diario intercambio de energía es la marca registrada de una relación entre una persona activa, como usted, y un independiente 1; pero las tensiones diarias, que forman parte de su lección de vida, 11, surgirán por todos lados. En una relación con el 1, ellas también saldrán para colocar en jaque la convivencia. Ustedes forman un par que nunca puede alejarse de sus objetivos grandiosos ni de su gusto por los desafíos: la búsqueda incansable de grandes y nobles ideales mantendrá siempre encendida la llama de la pasión.

11 CON 2
USTED CON LA PERSONA 2

Usted puede ser el médico que descubre una nueva técnica quirúrgica, el pintor de grandes obras, el economista que ganó un premio por haber desarrollado una nueva teoría para generar empleos, el político que legisla a favor del pueblo, el escritor que hace crecer a las personas... Usted es un maestro en el arte de enseñar y de hacer importantes contribuciones a la comunidad y a la Humanidad, y se enorgullece de eso. El 2 da el apoyo necesario a su idealismo y le hace continuar la lucha con más fuerza aún. 11, su hermosa imaginación, vigor y voluntad de querer construir una vida mejor pueden transformar el mundo. Una pareja con la vibración 2 se involucrará y le impulsará en estas causas con mucho entusiasmo. Ustedes formarán una bella relación, matizada con mucha comprensión y amor.

Admiración

Esta relación propicia que entre ambos integrantes haya un intenso intercambio de energía, orientado a la realización de los más nobles ideales. Imbuidos por un clima de elevada admiración mutua, ustedes tienen todos los prerrequisitos para formar una pareja ejemplar. Usted apreciará en el 2 su espíritu de equipo y su capacidad para superar cualquier tipo de desavenencia. Su pareja valorará sus victorias y permanecerá en la retaguardia, apoyando, pues se siente atraída por su liderazgo y por su intuición, que dan a sus acciones un clima de optimismo y entusiasmo.

Modificación de actitudes

El gran desafío de la persona 11 es aprovechar la enorme energía espiritual que posee, dándole salida para ayudar en la construcción de sus ideales. Muchas veces, esta energía se manifiesta en forma nerviosa y usted acaba por experimentar estados que alternan una gran euforia y distanciamiento de la realidad con periodos de depresión, que pueden desorientar al 2. No le trate con desprecio sólo porque está taciturno…, sino procure enfocar esa energía a la realización de objetivos más palpables, que, si bien menores, pueden hacer la diferencia para mucha gente, incluso para quien usted ama.

Afinidad

Ustedes se complementan. Ambos quieren mejorar la vida de los demás, pero el 2 está más orientado a la realización y usted tiene una perspectiva más amplia. Su 2 es cooperativo y goza de una elevada intuición. Usted, más idealista, posee también una gran sensibilidad y puede ser un gran líder, mientras que al 2 le gusta y necesita tener a alguien que vaya al frente, iluminando el camino. Su pareja quiere sentirse parte importante de sus empresas, mostrando que es un excelente y fiel colaborador. Ambos son buenos oyentes y, con él o ella, usted aprende a compartir. ¿Quiere más?

Renovación

La relación entre usted y el 2 se caracteriza por un gran apoyo mutuo. Él o ella aporta el equilibrio para su energía tensa, ponderando y calmándole (les gusta querer y servir al otro). Este clima de convergencia de energías hace que los desgastes sean menos frecuentes que en otras parejas. Como a su 2 le gusta sentirse útil y apoyarle, nunca se olvida de considerar sus opiniones y razonamientos. Cuente con su pareja y ambos estarán siempre en una bella armonía.

11 CON 3
USTED CON LA PERSONA 3

Vibración, tensión, energía positiva, emoción, voluntad. En el corazón, una fuerza canalizada hacia obras grandiosas. Usted, 11, carga un enorme piano de emociones en las espaldas. ¿No le falta alguien para tocarlo y dar más alegría y jovialidad a su caminar? Y he aquí que una persona 3 se cruza en su camino. Ese piano ya no le pesará y una preciosa música comenzará a penetrar en su vida. Las personas se acercarán a usted. Un clima de fiesta inundará sus destinos bajo el entusiasmo del carismático 3... Huy, él o ella está llamando mucho la atención, el sonido desafina y esa gente... ¡qué barullo! Usted ya está discutiendo con su pareja. Nada es perfecto, ¿eh, 11? El 3 puede dar encanto a su existencia: no se preocupe, baje un poco el sonido y elija las melodías. Y la fiesta podrá continuar...

Admiración

Uno de los cimientos de una relación feliz depende directamente del grado de estima que cada integrante tenga por el otro. Entre usted y el 3 hay espacio para un gran intercambio de energía. Usted admirará y disfrutará tanto el entusiasmo como el optimismo de este incansable y festivo compañero; a su vez, él o ella se atará a su estilo determinado y a su loable capacidad y dedicación a las grandes obras, y a las causas orientadas a mejorar la calidad de vida de todos los seres humanos.

Modificación de actitudes

Su enorme espiritualidad, 11, almacena dentro de usted una considerable energía nerviosa que puede explotar en cualquier momento, propiciando la realización de sus ideales o redundando en enormes fracasos. Usted, que es perfeccionista y quiere ser admirado por todos, podrá tener conflictos con su pareja 3 en la medida en que este animado compañero tiene una buena imagen y atrae mucho la atención de los demás. Procure cambiar su actitud, buscando equilibrar más esta relación: aproveche el estilo característico del 3 y véalo no como un rival, sino como alguien que va a ayudarle a alcanzar los más altos vuelos.

Afinidad

La comunión de personas inquietas y llenas de vida como usted y el 3 puede ser gratificante. Él o ella procura interactuar con su modo de ser, 11, lo que facilita aún más la relación. La disputa por quién va a ser el centro de las atenciones debe dar lugar a un clima de mayor cooperación, en el cual su pareja, hábil comunicadora, dará mejor salida a sus ideas y a sus planes, 11. No se cierre ni apague el entusiasmo ni la sonrisa de su alegre pareja: ustedes poseen todas las condiciones para formar una unión llena de afecto y armonía.

Renovación

Usted prefiere convivir con pocas personas y la vida cotidiana de su pareja, el 3, tiene que estar llena de gente, mucha gente. A usted no le gusta el barullo, sino prefiere la introspección y la reflexión, pero él o ella ama la acción. Para que esta relación no sufra desgastes irreparables, procure, siempre que sea posible, realizar actividades que controlen el laberinto de sus emociones. ¿Qué tal un baile, pegaditos?

11 CON 4

USTED CON LA PERSONA 4

Usted, 11, está volando en un tapete mágico impulsado por sus nobles ideales. Su fuerza espiritual, intuición y vibración hacen que usted sueñe y vuele alto. De repente, usted es alcanzado por un rayo... aparece un 4 en su vida, quien le compele a cambiar de "aparato": en busca de la eficiencia y la organización, su pareja pone orden, establece horarios de despegue y llegada y traza toda la ruta. ¿Se acabó el encanto? o ¿al final, usted llegará a su destino, pues encontró a alguien que puso sus pies en la tierra o, mejor, a bordo de un avión poderoso? Crea y trabaje por la segunda opción. El 4 pondrá en orden su vida y dará un sentido más práctico a sus vuelos. Esta relación tiene varios puntos a su favor y tiene todo para descollar. ¡Ajústense los cinturones y que tengan buen viaje!

Admiración

Usted es un ser impulsado por la pasión, por una emoción que muchas veces es desmesurada; quiere abarcar el mundo con ambas manos. En la convivencia con el 4, usted aprenderá a apreciar la capacidad que éste tiene de organizar y dar disciplina a su mente, 11, que es muy inestable. Y su estilo atrevido, orientado a la construcción de obras de gran notoriedad, despertará cierta fascinación en su pareja. Este intercambio de admiración es uno de los pilares decisivos para una unión enriquecedora.

Modificación de actitudes

Ambos tienen una preocupación exagerada por los detalles. Tanto usted como su pareja, el 4, son personas que buscan el perfeccionismo y no toleran los errores: ni suyos ni de los demás. Este comportamiento puede traer cierto estrés a la relación. La búsqueda de equilibrio en una relación tiene que partir de uno de los lados. El ejemplo de cambio de actitud puede hacer que su pareja comience a ceder también, generando una relación más armoniosa y saludable. Procure ser un buen observador de las virtudes de su 4, mas no de sus defectos.

Afinidad

Ustedes son diferentes en lo tocante a la percepción del mundo que les rodea. La persona 4 está más interesada en el mundo material, procurando eficiencia y organización para suplir las necesidades en este plano. Y usted, 11, está más interesado en tratar asuntos que le ayuden en su desarrollo espiritual; pero, más que constituirse en un problema, esta situación puede ser un punto de complementariedad entre los dos, donde el 4 le enseña a poner los pies en el suelo, al darle más estabilidad y calma, y usted proporcionará a su pareja una perspectiva distinta de armonía con el mundo, enseñándole a desarrollar su intuición.

Renovación

La renovación en una relación es importante tanto para evitar que los dos se aparten como para impedir que uno asfixie al otro. En el caso de su relación con el 4, ustedes pueden experimentar ambas situaciones. Procuren desarrollar una actividad que los acerque más o que rescate sus estilos personales. Jamás abandone sus estudios sobre religión, artes y ciencias y no impida que el 4 cultive sus aficiones.

11 CON 5
USTED CON LA PERSONA 5

A usted le gusta enfrentar los retos: 11, su crecimiento y su madurez a lo largo de la vida serán obtenidos en la medida en que usted se enfrente sin miedo a los obstáculos. En cada emboscada, tendrá que usar la creatividad; en cada batalla, la intuición. En esta lucha interminable surge entonces una persona 5 en su vida. ¿Cambio de ruta? Éste es el problema: el 5 tiene tantas rutas que normalmente no llega al fondo en ninguna de ellas. A la mera hora parte hacia otra actividad; pero usted, con su hipersensibilidad, acaba absorbiendo a su vez toda esa energía. Imagine, entonces, cómo será la convivencia con esta pareja inquieta… ¡¿choque a la vista?! Tal vez, pero usted puede transformar este rayo de temporal en energía vital: con tanto magnetismo personal, su pareja puede dar una nueva dimensión a su vida.

Admiración

Amar es intercambio de energía, regado por la admiración que uno tiene por el otro. Su pareja apreciará en usted la determinación, el espíritu conciliador y el agudo idealismo. Se enorgullecerá de sus triunfos y valorará todo aquello que construyan juntos. Usted apreciará en su pareja el encanto, la sexualidad, la sensibilidad y el carisma. En esta comunión de virtudes, ambos podrán trazar una vida llena de realizaciones conjuntas.

Modificación de actitudes

Usted es una persona que tiende a alternar periodos de gran entusiasmo e inquietud con momentos de silencio, introspección e incluso depresión. La convivencia con una pareja inestable como el 5 podrá generar mucho estrés. Esta persona, inquieta por naturaleza, tiene también un temperamento cargado de oscilaciones. El desafío en dicha relación es controlar la extensión de estos altibajos para que los conflictos no ataquen una unión que tiene un gran potencial de crecimiento conjunto. Sea menos exigente y controle sus emociones, calmando así a esta pareja tan agitada.

Afinidad

Lo imprevisible y el suspenso deben marcar la convivencia con una persona que tiene la vibración del número 5. La hiperactividad de su pareja puede avivar la hoguera de esta relación, pues usted, 11, tampoco tiene un comportamiento muy lineal: alterna periodos de rebeldía con tiempos de excesivo conservadurismo. Pero esta energía contenida en ambos puede inflamar la relación y permitir que vivan una gran pasión. Usted dará más sentido y consistencia a la tumultuosa vida del 5, quien aportará un toque de clase y de encanto a su vida.

Renovación

La relación entre ustedes puede hacer virar a un barco perdido en una tormenta, pero las tempestades serán inevitables; sin embargo, uno de los pilares básicos para mantener una relación es saber conducir la embarcación en los momentos más críticos e, incluso durante esos periodos de dificultad, procurar sacar provecho, aprendiendo uno del otro. No quiera siempre coartar la libertad y el deseo de su 5, a quien le gusta vivir nuevas experiencias. Disfrute sus aventuras y aprecie sus conquistas: ¡desconecte el criticómetro!

11 CON 6
USTED CON LA PERSONA 6

Usted, 11, tiene un espíritu imbuido de los más bellos y grandiosos ideales. Quiere dar al mundo la posibilidad de alcanzar un plano más elevado, donde no haya lugar para injusticias ni infelicidad. Al toparse en la calle de la vida con una persona 6, usted descubrirá valores aparentemente más simples. Aprenderá que la construcción de una familia, de una casa… en fin, dejar sus pies arraigados en forma mucho más sólida dará a su existencia un sentido mucho más amplio de lo que usted pensaba inicialmente. Más importante que querer abarcar el mundo con las manos es, antes que nada, tener una casa adónde regresar al final del día, donde habrá gente que lo espere con los brazos abiertos... Ésta es la dimensión que una persona 6 puede dar a su vida.

Admiración

La persona 6, más concentrada en la formación de una familia, valorará su cruzada sin fin contra la miseria y la falta de buen sentido que muchas veces impera en el mundo. Usted, 11, apreciará la preocupación por la armonía y el equilibrio de su pareja, cualidades de las que usted carece a menudo. Usted deberá dar importancia a la vanidad y al sentido estético de la persona 6, los cuales proporcionarán a su vida un colorido especial.

Modificación de actitudes

Cada persona tiene su modo de ser, sus virtudes y sus defectos. Usted, 11, que tiene múltiples ideales, debe saber que no existe la relación ideal. El desafío es aprender a convivir con quien usted ama, acortando las distancias. Si adopta una postura más positiva, usted dará más equilibrio a la relación. Procure vivir menos en la Luna y poner los pies en el suelo; de preferencia, en el suelo de su casa. Sus ideales son loables y usted debe seguir persiguiéndolos, pero el hogar debe estar en primer lugar.

Afinidad

Ambos se preocupan por otras personas. A usted le gusta dar y su pareja adora recibir una caricia, una atención. Impulsado por la inspiración, usted llega a tener sorprendentes alteraciones de comportamiento: su humor puede oscilar bruscamente entre los dos extremos. En estos momentos, su pareja podrá ser determinante para que usted no pierda el rumbo y ayudarle a recuperar su equilibrio. Así, ustedes pueden dar a su existencia una experiencia enriquecedora.

Renovación

En su vuelo hacia sus obras de gran consideración, la persona 11 puede apartarse de su relación con el 6, quien, muy casero, puede sumergirse en una vida sin novedades y asfixiar la de los dos en una rutina insoportable, principalmente para usted; ¿no es así, 11? Es hora de procurar recuperar la armonía de la pareja, evitando que ambos se anulen y, sobre todo, trabajando por mantener encendida la llama de la atracción. Procuren respirar nuevos aires y realizar actividades diferentes, fuera de casa y lejos del trabajo.

11 CON 7
USTED CON LA PERSONA 7

Puro silencio, una profunda meditación, el encuentro de dos personas introspectivas y altamente espiritualizadas. Usted procura y realmente requiere descubrir los misterios que rodean su vida, para así iluminar el camino de sus semejantes. Cuente con su gran inspiración espiritual. Su pareja, el 7, también busca encontrar respuestas para sus dudas y, a su vez, acaba apartándose de los asuntos materiales. Ustedes forman una pareja interesada en la búsqueda del conocimiento y adoran aprender. Pero ¿no hará este comportamiento que se aparten demasiado de la realidad? Ciertamente, ustedes pueden tener una convivencia enriquecedora, desarrollando la filosofía, profundizando en las ciencias ocultas y develando muchos misterios. Pero no se olviden de edificar algo más concreto, que dé una base más sólida a múltiples divagaciones. ¡Manos a la obra!

Admiración

La admiración es intercambio de energía. Ustedes tienen estilos parecidos en lo tocante al tipo de comportamiento respecto a la vida; reflexionan, analizan y estudian incesantemente. En este plano más espiritual, usted valorará la intuición y la gran fuerza mental de su pareja, así como su espíritu humanitario; a su vez, él o ella tendrá también un gran aprecio por su sensibilidad, diplomacia y preocupación por otras personas, en especial por las menos favorecidas.

Modificación de actitudes

Usted, 11, tiene una alta dosis de energía nerviosa. Y cuando su idealismo choca con las dificultades del mundo real, usted no soporta la presión y acaba perdiendo su buen humor. Su carácter es mucho más difícil que el de su pareja: en estas situaciones, el 7 se cierra todavía más, en busca de una explicación para el comportamiento de usted, tan tenso. Si actúa así, usted desestabilizará la relación. Necesita buscar en la espiritualidad la inspiración para convivir con los obstáculos que surjan y entender que forman parte del aprendizaje. De ese modo, usted podrá pisar firme y propiciar una relación más armoniosa, sin devaneos.

Afinidad

Ustedes forman un par que vive en buena sintonía, pues tienen posturas similares en lo tocante a los problemas de la Humanidad; se preocupan por encontrar soluciones para aquellos que sufren; en fin, tienen un corazón enorme y están siempre listos para ayudar. Sin embargo, esta gran afinidad puede convertirse en una obsesión y apartarles totalmente del mundo real, lo que tarde o temprano pondrá en jaque la propia relación, ya que, al final, ninguno vive de aire. ¿Ponemos un despertador al lado de cada uno?

Renovación

La curiosidad forma parte de su personalidad. Al 7 también le gusta descifrar misterios, procura encontrar explicaciones a todas sus dudas. A pesar de que esta búsqueda interminable de respuestas da a sus mentes mucho que hacer o pensar, sin abrir gran espacio para la monotonía, ustedes corren el riesgo de estar viviendo un eterno llueve-pero-no-moja. Mucho cerebro, bastantes descubrimientos... pero ¿y ustedes dos? Procure salir a veces de esta rutina espiritual, viviendo los placeres terrenales.

11 CON 8
USTED CON LA PERSONA 8

Una poderosa alianza, a pesar y a causa de las diferencias entre los dos. Usted es muy intuitivo, establece objetivos y, con ayuda de su capacidad mediadora y espíritu cooperativo, consigue alcanzarlos. Su pareja 8 también tiene sus objetivos bien delineados. Ambos sueñan con grandes conquistas y no se dejan abatir por las dificultades. Con su aguda intuición y su magnetismo personal, usted puede colaborar para que el 8 progrese en todas sus empresas. Al mismo tiempo, él o ella, con su atrevimiento, le da valor para superar sus desafíos. Juntos, ustedes pueden construir una relación llena de un intenso intercambio de energía y mucho éxito en el plano material. En esta relación, sus pasaportes tienen una visa para la felicidad. No pierda el vínculo o, mejor, el avión de su historia con destino a un viaje excitante en el que su vida podrá cambiar.

Admiración

Esta relación puede hallarse marcada por una fuerte atracción, en la cual cada uno apreciará sobremanera el modo de ser de su pareja. Usted valorará la capacidad de su 8 para organizar sus planes y la enorme autoconfianza que siempre aparecerá para impedir que usted sucumba ante las dificultades de la vida. Usted envolverá a la persona 8 con su originalidad, carisma y extremada habilidad ejecutiva.

Modificación de actitudes

Su pareja tiene mucha energía que, a veces, puede transformarse en autoritarismo. Usted también dispone de una gran dosis de energía nerviosa, lo que, en una situación de conflicto, puede provocar una enorme explosión. Usted, 11, tiene un designio permanente: la vida siempre estará poniéndole a prueba. La forma como usted encara los problemas que surgen ante usted hará que se desarrolle y se sienta bien consigo mismo. A su vez, la relación con el 8 traerá muchas situaciones delicadas y usted deberá encontrar en la fuerza espiritual un escudo para absorber los impactos y crecer con esta pareja, que muchas veces es autoritaria.

Afinidad

Afinidad no necesariamente significa que dos personas que se gustan tengan los mismos intereses y la misma forma de enfrentar la vida, con sus oportunidades y dificultades. Muchas veces las diferencias establecen un vínculo consistente e inseparable. Usted y la persona que tiene la vibración del 8 encajan, formando una unión de gran sinergia: él o ella pondrá orden en la casa, evitando que usted desperdicie energía en cuestiones irrelevantes. Usted le dará una visión más amplia y humana de la vida, matizada con mucha creatividad y por su experiencia.

Renovación

A pesar de toda la atracción que uno ejerce sobre el otro, una relación entre dos personas con personalidades tan distintas como la de usted y la del 8 pueden deparar algunos conflictos, muchas veces explosivos. Las peleas y discusiones sirven para corregir el rumbo, poniendo sus objetivos en perspectiva, pero no dejen que la temperatura lleve a la relación al olvido. En estos casos, no es preciso tomarse unas vacaciones ni darse tiempo: una conversación sincera, mirándose a los ojos, puede disipar cualquier desavenencia. ¿Quién va a colocar la primera piedra del jardín?

11 CON 9
USTED CON LA PERSONA 9

Usted tiene un pasaporte sellado… marcado por muchas experiencias a lo largo de la vida. Elocuente, piensa y vuela alto. Cargado de objetivos ambiciosos, usted parte hacia la lucha, es incansable. Y en medio de estas batallas, usted acaba cruzándose con una persona 9, que le da en medio del corazón, un(a) compañero(a) de ideas nobles y que quiere volar muy alto, preocupado principalmente por ayudar a aquellos que son menos afortunados. ¿Colisión en el aire? No, a pesar de que el centro de sus grandes aspiraciones no sea el mismo, ustedes forman una pareja llena de luz. Su 9 tiene una mente abierta al mundo: él o ella puede abrirle muchas puertas y hacer que usted vislumbre nuevos horizontes, dando a su andar otra perspectiva.

Admiración

Usted es envolvente y tiene un estilo especial de actuar, de hablar y de comunicarse, atrayendo a quienes están a su alrededor. Su pareja va a valorar no sólo estos atributos, sino también la sabiduría que proviene de sus luchas y de la forma como usted enfrentó todos los desafíos que debió enfrentar. Usted apreciará el estilo carismático de esta pareja y su gran disposición y empeño por construir un mundo más justo.

Modificación de actitudes

Usted tendrá una pareja a la altura de sus nobles y audaces sueños. Paciente y con el corazón abierto, él o ella podrá absorber sin grandes traumas su modo de ser inquieto y nervioso, 11; pero no abuse, pues todo tiene un límite. Por otro lado, el 9 tiende a dedicarse demasiado a sus causas, generalmente de corte humanitario, y usted puede explotar al sentirse relegado a un segundo plano. La felicidad en una relación está en la búsqueda del equilibrio, lo que significa cambiar algunas actitudes: procure desarrollar más su fuerza espiritual, descubriendo la verdadera y loable dimensión de la vida del 9.

Afinidad

Ambos poseen mucha espiritualidad. Su pareja abraza grandes causas y se siente feliz cuando concreta sus empresas y, aunque no reciba un caluroso elogio, no se molestará. Y usted… quiere ser reconocido por sus obras. Dotado de una intensa energía nerviosa, usted es adverso a las críticas y cultiva un alto grado de exigencia en relación con los demás y con usted mismo. No quiera ser dueño de la verdad: sepa compartir sus ideas y escuchar sugerencias. Van al frente de batalla y, juntos, ustedes vencerán, en un clima de mucha alegría para ustedes… ¡y para el mundo!

Renovación

Renovar es evitar que la rutina haga que una pareja pierda de vista la esencia de su relación, es mantener viva la llama de la pasión, es rescatar aquella fuerte atracción que los unió. Para usted, 11, es una cuestión de supervivencia respirar nuevos aires de vez en cuando, apartándose del ritmo alucinante que la vida impone. El 9 muchas veces puede ser condescendiente y absorber su modo de ser, 11, sin protestar, hasta que un día ustedes se den cuenta de que la relación se deterioró demasiado…

11 CON 11
USTED CON LA PERSONA 11

Una noche con el cielo repleto de estrellas es señal tanto de que al día siguiente el sol brillará con mucha intensidad, como de que un bello día está por venir, con mucha energía y alegría. Una relación entre dos personas 11 puede ser el preludio de un bello día, pero ¿no quedará su brillo, 11, opacado por la estrella de otra persona 11? Ustedes lideran, orientan, son la brújula de los demás… pero ¿lograrán dividir el espacio y las glorias de una victoria? Éste es el desafío de una relación entre dos personas dotadas de una vibrante energía nerviosa, como ustedes. Visionarios, también pueden, a veces, quedar presos en un mundo utópico, donde tendrán mucha dificultad para romper las barreras de sus ilusiones. La ruptura de esta atadura dependerá de la forma como ustedes lidien con los problemas que surjan. Estos desafíos son más que pruebas que impone la vida: son oportunidades para que ustedes ejerciten y desarrollen la enorme capacidad que tienen dentro de sí.

Admiración

Este punto es crucial para la felicidad de dos personas tan vanidosas como ustedes. Dicha vanidad reside no en aspectos estéticos, sino en el reconocimiento por sus realizaciones. Ustedes requieren y viven de los elogios. Usted, 11, quiere recibir, pero no deje de enaltecer las conquistas y las virtudes de su pareja. Todo lo que parta de usted puede regresar duplicado. Ceda un poco más y sonría, valorando lo que hace su pareja. ¿La recompensa? Una bella sonrisa y…

Modificación de actitudes

La admiración es un pilar fundamental para construir una relación sólida. Reconocer el valor ajeno es un cambio de actitud, pero su esfuerzo personal para alterar su modo de ser va más lejos: con el fin de hacer más equilibrada su relación con otra persona 11, usted debe controlar su espíritu crítico. Entienda que los errores suceden, con usted y con los demás, y que forman parte del aprendizaje: su vida será menos tensa y su relación mucho más placentera.

Afinidad

Normalmente, una persona con la vibración del número 11 tiende a querer ser el líder, asumir las riendas de toda la situación y odia los cuestionamientos; sin embargo, algunas veces prefiere ser un fiel seguidor, en cuyo caso la relación es mucho más fácil. No obstante, los dos compañeros 11 tienden a poseer una enorme fuerza espiritual: activos, ustedes se involucran en cualquier área donde puedan alcanzar grandes hechos. Les gustan el reconocimiento y la fama y muchas veces sus reputaciones los convierten en personas públicas. Si ustedes logran poner esa espiritualidad en la misma sintonía, intercambiando energía, iluminarán… al mundo, al universo.

Renovación

Es necesaria para aliviar la tensión cotidiana, mantener a raya la monotonía y evitar que uno o ambos compañeros se anulen en la relación. En muchas ocasiones, una persona 11 acaba por imponerse sobre la otra, quien, sin embargo, lleva dentro de sí un deseo de manifestar y poner en práctica sus habilidades. Para evitar que su pareja se sienta anulada o reprimida, este 11 deberá tener su espacio y sus momentos, donde pueda exteriorizar su idealismo, sin críticas ni interferencias de su compañero(a).

Referencias bibliográficas

Viviendo mejor a través de la numerología, Aparecida Liberato, Beto Junquei-
ra & Irene Brig., Editorial Best Seller.

Anatomía del amor, recopilado por A.M. Krich, Editorial Bruguera.

Triunfe con la fuerza del pensamiento positivo, P. Vacher, Ibrasa.

Del fracaso al éxito en el arte de vivir, Harold Sherman, Ibrasa.

El poder infinito de su mente, Lauro Trevisan, Editorial da Mente.

El lenguaje de las flores silvestres, Sheila Pickles, Melhoramentos.

Marco Antonio y Cleopatra, William Shakespeare, traducción y notas de Jo-
sé Roberto O'Shea, Mandarim.

Guía práctica de aromaterapia, Shirley Price, Mandarim.

Todo sobre la aromaterapia, Adao Roberto da Silva, E. Roka.

Aromaterapia para amantes, Maggie Tisserand, Ibrasa.

El arte de la aromaterapia, Robert Tisserand, Roka.

Alquimia vegetal, Vera Fróes & Antonio Rocha, Nova Era.

Amor, Lillian Too, Avatar.

Aromaterapia: el poder terapéutico de los aceites esenciales, Victoria Birabén,
Editorial Gente.

Aromaterapia holística, Ann Berwick, Editorial Nova Era.

Una historia natural de los sentidos, Diane Ackerman, Bertrand Brasil.

El perfume, Patrick Süsking, Record/Altaya.

Aromaterapia, la magia de los perfumes, Luanda Kaly y Sandra Scapin, Ma-
dras.

Don't Sweat the Small Stuff in Love, Richard Carlson y Kristine Carlson,
Hyperion.

Los Números Secretos del Amor
de Aparecida Liberato
se terminó de imprimir en **Octubre** 2006 en
Comercializadora y Maquiladora Tucéf, S.A. de C.V.
Venado N° 104, Col. Los Olivos
C.P. 13210, México, D. F.